끈질긴 은혜에 붙들린 삶

KB192082

✻별도의 표기가 없는 성경구절은 개역개정 성경을 인용한 것입니다.

끈질긴
은혜에
붙들린
삶

Living in the Grip of
Relentless Grace

하나님은 끈질긴 은혜와
사랑으로 우리를 추격하신다

이언 두기드 지음 | 김태곤 옮김

아가페

추천의 글

    두기드 교수님은 아주 오래된 구약 스토리를 오늘 우리 곁에서 일어나는 것처럼 생생하게 펼쳐내고 있습니다. 독자들은 이삭과 야곱의 삶을 통해 구원의 물줄기를 흘려보내시는 하나님을 만나게 될 것입니다. 위대한 사람이 아니라 가장 연약한 사람을 통해 구원의 역사를 이루어 가시는 하나님을 보면서 우리는 은혜의 신비를 발견하게 됩니다. 하나님의 이러한 끈질긴 은혜는 거울 앞에 서서 자신의 초라한 모습에 아파하는 우리에게 새로운 소망의 빛을 보게 합니다. 부족한 나도 하나님이 하늘의 사랑으로 인내하시고 빚어 가셔서 마침내 당신의 역사에 사용하실 것을 믿기 때문입니다.

    주님 앞에서 늘 죄송한 마음으로 살아가는 사람은 이 책을 한 페이지씩 넘길 때마다, 힘을 내라고 여전히 너를 사랑한다고 말씀하시는 하나님의 따스한 음성을 듣게 될 것입니다. 그리고 마침내 십자가의 예수님을 바라보면서 새롭게 일어나게 될 것입니다. 이 책은 글이 아니라 우리를 만지시는 하나님의 마음이기 때문입니다. 모쪼록 많은 성도님들이 이 책을 읽고 하나님의 크신 은혜를 풍성히 누리시기 바랍니다.

_류응렬(와싱톤중앙장로교회 담임목사, 고든콘웰신학대학원 객원교수)

한 사람의 생애 안에는 숨은 이야기들이 있습니다. 구약의 족장들 가운데서도 야곱이야기는 가장 흥미진진합니다. 야곱의 굴곡진 인생은 그 누구보다 파란만장합니다. 그의 강한 인간적 욕망은 자신의 삶을 거칠게 몰아갑니다. 저자는 탁월한 학자의 안목으로 롤러코스터를 타는 듯한 인생을 살아온 야곱의 스토리 안에서 하나님의 은혜라는 굵직한 주제를 이끌어냅니다. 야곱의 인간적 허물과 연약함에도 불구하고 끈질긴 하나님의 은혜로 성취해 가는 언약을 확인하게 합니다. 이미 한국에서도 다양한 저술을 통해 알려진 이언 두기드 교수의 이번 책 역시 독자들을 결코 실망하게 하지 않을 줄 믿습니다.

_이규현(수영로교회 담임목사)

성경 인물 중 우리와 가장 비슷한 인물이 야곱이 아닐까 합니다. 그래서 야곱은 우리에게 희망이 됩니다. 지극히 인간적인 면모를 지닌 야곱, 큰 자가 어린 자를 섬기리라는 약속 즉 약속된 구주께서 어린 자의 계보에서 나올 거라는 신탁을 받았음에도, 하나님을 뒷전으로 하고 세상의 방식으로 살아가는 야곱은 우리와 참 많이도 닮았습니다. 그런 야곱을 하나님은 포기하지 않으시고 당신의 백성으로 다듬어 가십니다. 이 책은 그런 야곱의 삶을 끝까지 추격해 기꺼이 하나님의 자녀로 만드시는 하나님의 끈질긴 은혜를 매우 잘 보여줍니다.

많은 가정이 불화하고 온전한 가정을 이루기 어려운 요즘이지만, 그 옛날 야곱의 가정 또한 그러했습니다. 남편으로서 아버지로서 야곱은 매우 부족했습니다. 뭐 하나 잘한 것 없는 야곱이지만, 결국에는 하나님의 백성으로 삼으시고야마는 하나님의 사랑과 은혜는 그저 경이로울 뿐입니다. 많은 성도님들이 하나님의 그 사랑과 은혜를 온전히 알고 함께 누리기를 간절히 바라며, 이 책의 일독을 권합니다.

_이찬수 (분당우리교회 담임목사)

야곱은 그의 모든 범죄와 계략과 음모에도 불구하고,
가장 보잘것없는 도구로도 성공적인 작품을 만들 수 있는
하나님의 과분한 은혜를 보여주는 완벽한 모델이다.

Contents

서언

신약은 구약에 숨겨져 있고, 구약은 신약에서 드러난다.

_어거스틴

이 구원에 대하여는 너희에게 임할 은혜를 예언하던 선지자들이 연구하고 부지런히 살펴서 자기 속에 계신 그리스도의 영이 그 받으실 고난과 후에 받으실 영광을 미리 증언하여 누구를 또는 어떠한 때를 지시하시는지 상고하니라 이 섬긴 바가 자기를 위한 것이 아니요 너희를 위한 것임이 계시로 알게 되었으니 이것은 하늘로부터 보내신 성령을 힘입어 복음을 전하는 자들로 이제 너희에게 알린 것이요 천사들도 살펴 보기를 원하는 것이니라 _벧전 1:10-12

또한 우리 중에 어떤 여자들이 우리로 놀라게 하였으니 이는 그들이 새벽에 무덤에 갔다가 그의 시체는 보지 못하고 와서 그가 살아나섰다 하는 천사들의 나타남을 보았다 함이라 또 우리와 함께 한 자 중에 두어 사람이 무덤에 가 과연 여자들이 말한 바와 같음을 보았으나 예수는 보지 못하였느니라 하거늘 이르시되 미련하고 선지자들이 말한 모든 것을 마음에 더디 믿는 자들이여 그리스도가 이런 고난을 받고 자기의 영광에 들어가야 할 것이 아니냐 하시고 이에 모세와 모든 선지자의 글로 시작하여 모든 성경에 쓴 바 자기에 관한 것을 자세히 설명하시니라 _눅 24:22-27

선지자들이 살폈고 천사들이 보기 원했다. 제자들은 이해하지 못했다. 그러나 모세와 선지자들과 구약성경 전체는 예수께서 오셔서 고난당한 후 영화롭게 되실 것을 말했다. 하나님은 구약성경에서 이야기 하나를 들려주기 시작하셨는데, 독자들은 그 이야기의 결말 듣기를 간절히 원했다. 그러나 구약성경 독자들은 아직 그것을 알 수 없었다. 줄거리가 제시되었으나 그 절정은 지연되었다. 끝나지 않은 이야기가 끝을 기대하게 만들었다. 하나님이 그리스도 안에서 구약이야기가 절정에 달하게 하셨다. 예수께서 오신 것은 이미 선언된 바에 따른 것이다. 그의 오심은 구약성경에 미리 선언되되, 분명한 메시아 예언에서는 물론이고 구약성경에 나오는 모든 사건과 인물과 상황에 대한 이야기를 통해서도 선언되었다. 하나님은 더 크고 전체를 아우르는 통일된 이야기를 들려주셨다.

창세기의 창조 기사부터 포로귀환에 대한 마지막 이야기까지, 하나님은 자신의 구원 계획을 점진적으로 펼치셨다. 그리고 그 계획에 대한 구약성경 기사는 어떤 방식으로든 언제나 그리스도를 가리켰다.

이 시리즈의 목적

이 책을 포함한 '구약성경이 말하는 복음' 시리즈는 내 전임 교수인 트렘퍼 롱맨(Tremper Longman)과 알 그로브스(Al Groves)가 시작했고, 나는 개인적으로 그들에게 엄청난 감사의 빚을 졌다. 나는 구약성경에서 복음을 찾아내는 법에 대해 많은 것을 그들에게 배웠다.

신구약 성경이 하나님의 통일된 계시이며, 그 주제적 통일성이 그리스도 안에서 발견된다고 하는 그들의 깊은 확신을 나는 공유한다. 이 시리즈는 그들의 처음 목표를 계속 추구해 나갈 것이다.

- 구약성경에 담긴 그리스도에 대한 계시를 풍성히 드러낸다.
- 그리스도 중심의 구약성경 읽기를 장려한다.

• 구약성경을 그리스도 중심으로 설교하며 가르치도록 독려한다.

이 시리즈는 학자를 위해서가 아니라 목회자와 일반 성도를 위해 쓰였다. 학교보다는 교회를 섬기는 일에 우선적인 비중을 둔다.

내 소망과 기도는 트렘퍼, 알과 동일하다. 이 시리즈가 부단히 예수 그리스도와 그의 고난 그리고 뒤이은 영광을 가리키는 책으로서, 구약성경 연구에 대한 관심이 되살아나도록 지속적으로 독려하게 하는 것이다.

_ 이언 M. 두기드

감사의 말

하나님의 백성 앞에 설교하려고 설 때마다, 나는 거의 매번 간단한 기도를 드린다. "주님, 이들은 주의 양이며 이것은 주의 말씀입니다. 주의 말씀으로 주의 양들을 먹이시며 주께서 영광을 받으소서." 본서는 영국 옥스퍼드에 있는 리디머장로교회에서 설교한 것에서 유래되었으며, 그 내용이 후에 캘리포니아의 폴브루크에 위치한 그레이스장로교회(PCA)를 위해 수정되고 보완되었다. 이 두 회중은 지리적으로나 인구통계학적으로 매우 다르지만, 하나님과 그의 은혜를 사모하며 말씀을 기뻐한다는 공통점으로 연결된다. 하나님의 말씀은 전 세계에 있는 그의 양들에게 여전히 좋은 양식이다. 당신도 이 알찬 양식을 먹게 되기를, 그리고 하나님이 모든 영광 받으시

기를 나는 기도한다.

본서가 나오기까지 많은 이들이 기여했다. 알 그로브스와 트렘퍼 롱맨은 내 신학교 은사로, 구약성경 속의 그리스도에 대한 내 사고에 건설적인 영향을 미쳤다. 시리즈 편집자의 역할을 그들에게서 물려받아, 나는 그들이 시작한 일을 신실하게 지속해 나가려고 노력해 왔다. 그로브시티컬리지에서 내 학생이자 조교였던 아만다 마틴은 이 개정판을 주도했다. 나는 그와 언제나 함께 일하고 싶다. 내 아내 바브는 가장 분별력 있는 내 비평가이자 가장 좋은 벗으로서 30년 이상을 나와 함께하고 있다. 아내는 복음에 철저히 붙들린 삶을, 그리고 그것을 자신에게 먼저 적용하고 주변 사람에게도 적용하는 역량을 입증하고 있다. 장성한 내 자녀 제이미와 샘과 한나와 로브와 로지는 모든 설교자가 소중히 여기는 맨 앞줄의 내 청중이다. 근래에는 아들 웨인과 며느리 페기가 우리 가족으로 합류했고, 그들은 하나님의 끈질긴 은혜에 안전히 붙들려 그들 자신의 나아갈 길을 잘 구축하고 있다.

내 어머니 에일린 두기드가 하나님을 더 친밀히 뵐 수 있는 곳으로 가신 지도 13년 이상이 훌쩍 지났다. 지금도 어머니가 그립다. 어머니는 일찍부터 하나님 말씀에 관심을 갖도록 나를 독려하며 양육했고, 당신 아들의 책이 가급적 많은 이에게 읽힐 수 있도록 보급

하는 일에 일조했다. 따라서 이 개정판도 다시금 어머니께 헌정하
는 바다.

끈질긴 은혜에 붙들린 삶

머리말

끈질긴 은혜

아브라함이 죽어 약속의 땅에 장사됨으로써(창 25:7-11), 구속이야기에서 아브라함이 차지하는 부분은 마감되었다. 아브라함은 선한 싸움을 싸웠고 끝까지 인내했으며, 횃불은 그의 자손들에게 넘어갔다. 따라서 창세기 25장 마지막 부분에서 "아브라함의 아들 이삭의 족보는 이러하니라"(창 25:19)는 공식에 따라 새 영역으로 이동한다. 여기서 이삭과 리브가 그리고 그들의 아들 야곱과 에서의 이야기가 시작된다. 이것은 다음 세대의 이야기다. 이들에게는 위대한 족적의 그림자를 따라가야 하는 임무가 있다. 그들은 선대에게서 물려받은 영적 유산을 어떻게 계승할 것인가?

성경은 기록한 인물을 특별히 치켜세우지 않는다. 충실하게 결함을 숨기지 않고 있는 그대로 기술한다. 이 시리즈 중 하나인 "아브라함에 의거한 복음"(The Gospel According to Abraham)에서, 우리는 믿음의 위인 아브라함의 생애에 현저한 굴곡이 있음을 보았다. 그러나 적어도 아브라함에게는 어느 정도의 오르막도 있었다. 이삭의 생애를 기록한 많지 않은 사건 대부분이 내리막길이고, 야곱도 위대한 영웅이 아니다(그의 초기 생애는 특히 그러하다). 그들은 영적 선조를 통해 제시된 패턴의 삶을 시작하지 않는다.

이는 자신의 결함을 매우 잘 아는 우리에게 큰 격려다. 당신이 전혀 부적합하다고 느끼는 임무를 수행하도록 하나님이 당신을 부르셨는가? 용기를 내라! 당신의 자기평가는 분명히 옳다. 당신 안에는 하나님이 당신에게 요구하시는 일을 수행할 힘이 없다. 나는 내 여러 연약함과 실패와 죄를 날마다 더욱 자각하며, 그럼에도 하나님이 나 같은 사람을 사역에 사용하신다는 사실에 놀라움을 느낀다. 하나님은 그의 보화를 저장할 질그릇을 사용하시는 일에 전문가시다. 이 전략을 쓰시는 이유는 간명하다. 하나님의 능력은 우리의 연약함 속에서 가장 풍성해지며, 하나님의 영광은 가장 보잘것없고 결함 많은 사람을 사용하여 그의 놀라운 목적을 이루실 때 가장 명백해진다(고후 4:7).

이삭과 야곱의 생애에서 이 원칙은 무척이나 명확하다. 하나님이 그의 은혜로 그의 영광을 위해 택한 도구들의 연약함과 죄성을 어떻게 처리하시는지 우리는 거듭 보게 될 것이다. 하나님은 아브라함에게 주신 약속을 한 걸음 한 걸음 계속 성취하시며, 작은 가족을 강대한 민족으로 만들어 가신다(창 15:5). 성경의 기록 속에는 하나님이 계획하신 목표를 향한 견실한 과정이 들어 있다. 그러나 약속의 땅으로 향하는 여정의 시작부터, 복음은 인간의 힘이나 선함이 아닌 하나님의 끈질긴 은혜를 통해 승리한다는 사실을 이스라엘에게 분명히 했다. 우리도 그 점을 명심해야 한다.

Living in the Grip of
Relentless Grace

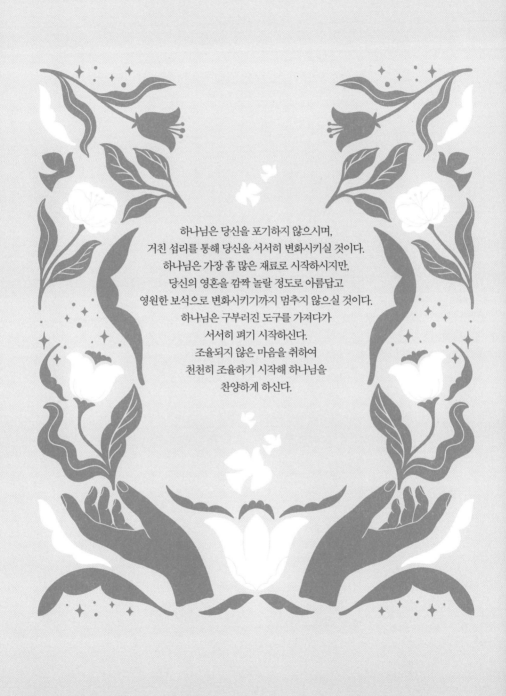

하나님은 당신을 포기하지 않으시며,
거친 섭리를 통해 당신을 서서히 변화시키실 것이다.
하나님은 가장 흠 많은 재료로 시작하시지만,
당신의 영혼을 깜짝 놀랄 정도로 아름답고
영원한 보석으로 변화시키기까지 멈추지 않으실 것이다.
하나님은 구부러진 도구를 가져다가
서서히 펴기 시작하신다.
조율되지 않은 마음을 취하여
천천히 조율하기 시작해 하나님을
찬양하게 하신다.

Chapter
01

처음부터의 데자뷰
_ 창세기 25:19-34

인기 있는 연재만화 "피너츠"(*Peanuts*, 찰스 M. 슐츠가 1950년 10월 2일부터 2000년 2월 13일까지 신문에 연재한 4컷 만화)의 몇몇 이야기를 보면, 라이너스와 루시에게는 리런(Rerun, '재방송'이라는 뜻-역자 주)이라는 이름의 어린 남동생이 있다. 참으로 이상한 이름이지 않은가? 나는 부모가 굳이 그런 이름을 지어주었다고 생각하지 않는다. 아마도 둘째동생이 '별난' 아이인 데 따른 루시의 실망감이 표현된 이름일 것이다. 그러나 어떤 의미에서 우리 자녀 모두 리런이라는 이름에 적합하다고 본다. 우리는 자녀에게서 자신과 꼭 닮은 면을 보기 때문이다. 여러 면에서, 생김새는 물론이고 특성, 재주, 장점과 약점, 관심사와 열정이 종종 우리 자신의 재방송이다. 그들은 부모의 판박이다.

부모의 판박이

이삭은 그야말로 부모의 판박이였다. 사실 성경에 기록된 이삭 생애의 몇몇 사건은 아버지의 삶과 매우 닮았다. 이삭의 삶은 요기 베라(Yogi Berra, 뉴욕 양키스의 전설적인 포수)의 유명한 문구인 "처음부터의 데자뷰"다. 이렇게 나란히 놓음으로써, 우리는 이삭이 자기 아버지의 장점과 약점을 어떻게 공유하는지 분명히 볼 수 있다.

첫째, 아내의 불임이라는 동일한 문제가 있었는데, 이는 수많은 후손을 주실 거라는 하나님의 약속 성취를 위협하는 요소였다(창 25:21). 그리고 아버지처럼 이삭도 기근에 직면한다. 하나님의 약속의 땅이 그를 지탱시킬 수 없을 것 같자, 이삭은 그곳에 머물지 아니면 사시사철 푸른 애굽 목초지로 떠날지를 결정해야 했다. 그 조악한 상황에서, 이삭은 아버지가 그랬듯 자신의 목숨을 부지하기 위해 아내를 누이로 속이고 위기를 넘기려는 유혹에 직면한다(창 26:1-11). 이어서 이삭은 자원 부족으로 인한 자신의 목동들과 아비멜렉 목동들 간의 다툼에 연루되는데, 앞서 아브라함의 목동과 아비멜렉의 목동들 간에도 다툼이 있었다(창 26:12-35). 따라서 이삭의 삶은 어떤 면에서 아브라함 삶의 재방송이다.

그러나 이삭의 삶이 단지 아브라함의 위대한 성공을 모은 앨범인 것만은 아니다. 아브라함의 경험을 재연하는 이삭의 삶에서, 우리는 새 세대로 확장되는 하나님의 신실하심도 본다. 모세와 함께 약속의 땅 초입에 서 있던 창세기의 원래 독자인 광야세대에게, 그것은 분명 중요한 교훈이었다. 그들은 출애굽을 직접 경험하지 않았다. 그 경험에 대해서는 선조들의 증언에 의존해야 했다. 그들의 선조를 위해 큰일을 행하신 하나님이 그들을 위해서도 큰일을 행하여, 그들로 하여금 그 땅을 정복할 수 있게 하실까? 이삭이 아브라함의 하나님을 의지할 수 있었듯, 모세의 하나님도 여호수아의 인솔 하에 그 땅을 정복하려던 그의 백성과 함께하실 것이었다.

이는 우리와 우리 자녀를 위한 중요한 교훈이다. 그들처럼 우리도 아브라함과 이삭의 하나님, 모세와 여호수아의 하나님을 의지할 수 있으며, 그분이 우리 시대와 상황에서 우리를 향한 약속을 신실하게 이루실 것을 믿을 수 있다. 하나님은 변함이 없으시며, 그의 신실하심은 영원히 지속된다. 사실 많은 그리스도인이 하나님의 신실하심을 보여주는 증거다. 나는 부모가 그리스도를 신뢰하는 가정에서 자랐다. 어머니 아버지는 내가 어릴 적부터 하나님의 은혜에 대해 들려주었고, 이제 나는 믿음의 여정 중에 있다. 기독교 가정에서 자라지 않은 그리스도인들은 믿을 수 없는 은혜의 트로피들이다. 적절한 때 하나님이 임하셔서 그들의 눈을 열어 복음의 진리를 보게 하셨다. 우리를 통해 하나님은 새로운 가족을 시작하고 계시며, 이 가족은 장차 올 세대에게 하나님의 언약적 신실성을 증언할 것이다.

리브가의 불임

이삭이야기는 창세기 25장 21절에서 리브가의 불임에 대한 언급으로 시작된다. 리브가는 자녀를 낳을 수 없었다. 이것은 어느 시대에서나 비극이며, 직접 경험한 사람 외에는 제대로 이해할 수 없을 고통이다. 그러나 이삭과 리브가의 경우 문제는 더 심각했다. 결국 무수한 후손을 주겠다는 하나님의 약속은 그들의 자녀를 통해 실현될 것이었다. 그러나 그들은 아브라함과 사라가 40년 전에 경험한 것과 같은 배를 타고 있었다. 우리는 이삭의 아버지 아브라함이 반복해서 받은 질문을 다시 마주한다. 하나님이 당신의 힘으로 그 약속을 실현하실 수 있을까, 아니면 우리의 도움을 조금이나마 필요로 하실까?

아브라함은 일생 동안 그런 선택에 거듭 직면했으며, 올바르게 선택하는 법을 서서히 배워나갔다. 그는 자신이 "여호와를 믿으니 여호와께서 이를 그의 의로" 여기신 것과(창 15:6), 그 믿음을 자신의 머리에서 마음으로 옮기며 매일 삶의 결단에서 전적으로 하나님을 신뢰하는 것이 전혀 별개임을 알게 되었다.

아마도 당신도 그런 상태일 것이다. 당신은 자신의 구원을 위해 하나님을 전적으로 신뢰하지만, 매일의 결단에 있어 하나님을 신뢰하는 것이 그리 쉽지 않음을 안다. 당신은 배우자를 어떻게 찾는가? 직업을 어떻게 찾는가? 일이나 인간관계에서 직면하는 여러 상황에서 어떻게 행동하는가? 우리 믿음의 현실은 수많은 크고 작은 시험에 직면한다.

하나님이 약속하신 바가 실현되지 않는 것 같을 때 사탄은 곧바로 개입해, 얼핏 보기에 동일한 결과를 얻는 것 같은 기만적인 지름길을 우리에게 제시한다. 기다림의 시간이 오래 지속되자, 사탄은 아브라함과 사라를 위해 사라의 애굽인 여종 하갈을 지름길로 제시한다(창 16장). 인간적인 지혜로는 그것이 바라던 결과를 얻는 실제적인 방법 같았다. 그러나 그 결과는 재앙이었다. 이 전략으로 얻은 자녀는 약속의 자녀 이삭이 아니라 이스마엘이었다.

수많은 상황에서 우리가 직면하는 선택은 본질적으로 족장들이 마주하는 것과 같다. 잘 되어가고 있지 않는 것 같을 때도 하나님을 믿을 것인가, 아니면 사탄의 지름길을 따를 것인가? 이삭은 시험받는 상황에서 어떻게 반응했는가? 그는 믿음의 모델이다. 리브가를 위해 여호와께 기도했고, 여호와께서 그 기도에 응답하여 리브가가 임신하게 된다(창 25:21).

성경본문은 무척 순조로운 상황처럼 느껴진다. 이삭은 기도했고, 하나님은 그 마음의 소원을 들어주셨다. 상황이 그처럼 순조롭지 않았다는 사실은 창세기 25장 26절에 가서야 드러난다. 예전의 아브라함과 사라처럼, 이삭과 리브가도 총 20년이라는 오랜 시일이 지난 후에야 기도응답을 받을 수 있었다. 해가 거듭되어도 아무 일도 일어나지 않는 것 같았다. 그러나 아브라함과 사라와 달리 이삭과 리브가는 기다리면서 조바심을 보이지 않았다. 그들은 하나님이 신뢰할 수 있는 분임을 아브라함과 사라의 사례를 통해 배웠다. 그들이 인내심을 갖고 기다린 까닭에, 기도와 기도응답 사이의 일은 전혀 기록되어 있지 않다. 그들에게는 하갈 같은 사람이 없었다. 사탄의 지름길은 이삭과 리브가의 관심을 전혀 끌지 못했다. 그들은 하나님을 믿었고, 그 결과를 기꺼이 하나님께 맡겼다. 그런 태도를 견지하면, 가장 오래도록 지연되는 기도응답이 때로는 믿음을 가장 굳건히 하는 것으로 판명난다. 그 기도가 마침내 응답될 때 우리는 그것을 통해 하나님의 손길을 가장 분명하게 보기 때문이다.

끈질긴 은혜에 붙들린 삶

낙심 처리

그러나 만일 우리가 간절히 구해도 주지 않는 것을 하나님이 옳게 여기신다면, 우리는 어떻게 해야 할까? 오랫동안 기다린 후에도 우리가 여전히 실망스러운 상태라면 어떻게 해야 할까? 하나님은 우리가 잭팟을 터뜨릴 때까지 그분의 팔을 잡아당기면, 마침내 우리가 바라는 것을 주시는, 공중에 있는 위대한 슬롯머신이 아니다.

10년간 암으로 투병해 온 여성을 만난 적이 있다. 때로 그는 암으로 인해 마비증에 시달렸고, 치료 과정에서도 고통을 겪고 있었다. 고통이 매우 극심해 여러 날 동안 잠도 못잔 채 지냈다. 자연스럽게 제기되는 질문에 대해 내가 어떤 대답을 줄 수 있었겠는가? 주여, 어찌하여…? 내가 이 고통을 얼마나 오래도록 견뎌야 합니까? 왜 나를 줄곧 고통 가운데 두지 말고 치유하셔서 영광을 얻지 못하시나이까? 단순한 대답은 없다. 그러나 그 모든 상황에서 우리와 함께하신다는 하나님의 약속이 있다. 그 어떤 피조물이라도, 사망도 생명도 질병이나 건강도 부요함이나 궁핍함도 하나님의 사랑에서 우리를 끊을 수 없다고 하는 확신이 있다(참조. 롬 8:38-39). 외견상 호전될 기미가 전혀 보이지 않더라도, 우리는 보이는 것에 의존하기보다는 말씀에 대한 믿음으로 살아야 할 것이다. 그러나 믿음으로 힘든 길을 걸어갈 때, 우리는 십자가를 거듭 되돌아볼 수 있다.

십자가에서 모든 이가 볼 수 있는 그 사랑이 영 단번에 입증되었다.

내면의 혼란

이삭과 리브가가 기다려온 긴 세월이 마침내 끝나는 것 같았다. 리브가는 쌍둥이를 얻게 되는 이중의 축복을 기대하고 있었다(창 25:22). 다만 쌍둥이가 태어나기도 전에 가정불화가 암시되었다. 아브라함과 야곱이 성경 역사의 무대에 처음 등장하던 각각의 상황을 대조해 보는 것이 유익하다. 아브라함이 처음 등장할 때 그의 나이는 75세였고 막 믿음의 걸음을 내딛고 있었다. 야곱이 처음 등장할 때, 그는 아직 태어나지도 않은 상태에서 형 에서와 이미 싸우고 있었다. 야곱은 형보다 먼저 나오려고(혹은 형을 넘어뜨리려고) 형의 뒤꿈치를 붙들고 태어났다. 여러 면에서 아브라함과 야곱의 첫 등장은 이어지는 모든 상황을 위한 배경이 된다. 아브라함은 인간적인 형태의 믿음을 우리에게 보여주며 약속의 땅을 향해 나아간다. 연속적인 가정불화를 일으켰던 야곱은 전혀 다른 장점을 드러낸다. 그는 모든 장애를 극복하게 하는 은혜의 승리를 우리에게 보여준다. 야곱은 그의 모든 범죄와 계략과 음모에도 불구하고, 가장 보잘것없는 도구로도 성공적인 작품을 만들 수 있는 하나님의 과분한 은혜를 보여주는 완벽한 모델이다.

리브가는 자신의 복중에서 혼란이 일어나는 이유를 알고자 했을 때 여호와께 신탁을 받는다. "두 국민이 네 태중에 있구나 두 민족이 네 복중에서부터 나누이리라 이 족속이 저 족속보다 강하겠고 큰 자가 어린 자를 섬기리라"(창 25:23). 이 계시는 그 혼란이 여느 가정에서나 일어나는 형제간의 일상적인 다툼이 아님을 분명히 알려주었다. 장래의 두 민족이 연루되었다. 더욱이 하나님은 일반적인 패턴을 뒤바꾸셨다. 형이 아우를 섬긴다는 것이다.

형제간이나 가족 내의 불화 같은 주제는 창세기를 보건대 이 본문에서 새로 나오는 것이 아니다. 창세기 4장에서도 가인과 아벨 사이에 그러한 다툼이 이미 있었다. 거기서도 아우가 하나님의 은혜를 입은 것으로 판명된다. 창세기의 나머지 전반에 걸쳐, 일련의 가정불화를 보여준다. 노아의 아들들부터, 아브라함과 롯, 이삭과 이스마엘, 야곱과 라반, 그리고 요셉과 그의 형제들에 이르기까지, 가족 내의 경쟁과 불화라고 하는 지속적인 패턴을 보여준다. 그리고 그 모든 불화의 궁극적인 원인은 선택이다. 하나님의 택하심을 받지 못한(또는 하나님과 보조를 맞추지 않는 삶을 사는) 자들은 언제나 하나님의 택하심을 받은 자들과 싸웠다. 같은 가정에서 자란 형제끼리도 그랬다. 그러나 그런 다툼 속에서도 자기 백성을 축복하시려는 하나님의 목적은 견고히 유지된다. 뱀의 후손이 최악의 상황을 조성할지라도 살아계시는 하나님의 권능을 이기지 못한다. 창세기 50장 20절이 그것을 분명히 말한다. "당신들은 나를 해하려 하였으나 하나님은 그것을 선으로 바꾸사."

큰 자가 어린 자를 섬기리라

큰 자가 어린 자를 섬기는(창 25:23) 패턴이 반복적으로 나온다. 가인이 거부당한 반면 아벨은 받아들여졌다. 가인의 계열이 아니라 셋의 계열이 택하심을 받았다. 이스마엘이 아니라 이삭이, 언니인 레아가 아니라 라헬이 그리고 다른 모든 형들이 아니라 요셉이 택하심을 받았다. 하나님이 이렇게 하시는 이유가 무엇일까? 바울은 로마서 9장 10-12절에서 그 이유를 우리에게 제시한다.

리브가가 우리 조상 이삭 한 사람으로 말미암아 임신하였는데 그 자식들이 아직 나지도 아니하고 무슨 선이나 악을 행하지 아니한 때에 택하심을 따라 되는 하나님의 뜻이 행위로 말미암지 않고 오직 부르시는 이로 말미암아 서게 하려 하사 리브가에게 이르시되 큰 자가 어린 자를 섬기리라 하셨나니 _롬 9:10-12

끈질긴 은혜에 붙들린 삶

하나님은 편파심이 없음을 처음부터 분명히 밝히기를 원하신다. 하나님의 가족 안에서는 신분상의 특권이 없다. 아브라함에게서 태어나는 것만으로는 충분하지 않다. 이삭과 리브가에게서 태어나는 것만으로는 충분하지 않다. 맏이라는 사실만으로는 충분하지 않다. 하나님은 긍휼히 여길 자를 긍휼히 여기실 것이며, 완고하게 할 자에게 완고하게 하실 것이다. 우리의 구원은 우리의 공적 덕분이 아니라 오직 은혜 덕분이다. 하나님은 사람의 외모를 보지 않으신다. 그는 세상의 미련한 것들을 택하여 지혜 있는 자들을 부끄럽게 하신다. 세상의 약한 것들을 택하여 강한 자들을 부끄럽게 하신다. 그는 지위도 힘도 없는 어린 자들을 택하여 처음부터 끝까지 모든 것이 은혜 덕분임을 보여주신다.

이삭과 리브가가 하나님과 하나님의 목적에 대해 알고 있던 모든 정황에서, 그 신탁의 의미는 무엇이었을까? "큰 자가 어린 자를 섬기리라"는 말씀은 무슨 의미일까? 약속된 구주께서 어린 자의 계보에서 나올 것을 하나님이 그런 식으로 말씀하신 것이 분명했다. 구원에 있어 하나님의 절대적 주권을 다시 한번 보여주는 그 순서를 통해, 하나님은 그 약속을 실현시킬 가족은 물론이고, 그 가족을 통해 그 약속이 실현될 방법도 선택하실 것이다. 그 아이들은 성장해 가면서 하나님의 계획 가운데 그들에게 주어질 운명을 위해 준비해 나가야 했다. 에서는 야곱 안에서 특히 구원을 실현시킬 야곱의 후손 안에서 축복을 얻도록 준비를 갖추어야 했다. 야곱은 메시아의 경건한 선조 역할을 위해 준비를 갖추며, 그가 고귀한 소명을 받은 것이 자신의 위대성 때문이 아니라 하나님의 택하심 때문임을 겸손히 인식해야 했다.

그런데 사실은 그렇지 않았다. 하나님의 소명을 위해 훈련받지 않고, 그 아이들은 자신의 방식을 개발해 나갔다. 에서는 힘센 사람이고 외향적이며 사냥을 잘했고 들판의 삶에 능숙했다. 그는 태어날 때 묘사된 바와 같이 전형적인 시골 사람이었다. 그는 붉고 전신이 털로 덮여 있었다(창 25:25). 에서를 생각할 때 픽업트럭, 바이커 바, 문신을 떠올리면 될 것이다. 우리 문화에서처럼 고대 근동에서도 몸에 털이 많은 것은 대개 촌스럽고 거친 행동과 결부된다.

야곱을 묘사하기 위해 성경은 의도적으로 애매한 히브리어 '탐'을 사용한다(창 25:27). 이를 영어에서는 주로 '조용한'으로 번역한다. 이것은 본질적으로 '외곬'(single-minded) 또는 '일편단심'을 뜻하며, 높은 도덕성을 지닌 사람을 묘사하는 주로 긍정적인 의미를 담고 있다. 이것은 영어단어 'integrity'가 뜻하듯 철저히 일관된(integrated) 바람과 행동을 지닌 사람을 묘사한다. 그러나 야곱의 경우, 이 외곬성은 그를 그다지 긍정적인 방향으로 향하게 하지 않았다. 더욱이 형과 달리 야곱의 본성은 들판보다 장막에 있는 것을 선호했다. 그 점을 묘사한 내용도 애매한 면을 보인다. 그것은 야곱의 직업이 형과 같은 사냥꾼이 아니라 (고상한) 유목 목자였음을 묘사한 것일 수 있다. 그러나 이어지는 내용에서, 그가 줄곧 장막에 머문 것은 자기 형의 장자권을 빼앗는 데 결정적인 기회로 작용한다. 줄곧 집에 머물러 있으려는 성향 덕분에, 야곱은 자신의 일관된 계획을 실행에 옮기기 위한 적시적소에 있을 수 있었다.

이 형제 간의 차이는 부모의 해로운 편애를 초래했다. 창세기 25장 28절은 "이삭은 에서가 사냥한 고기를 좋아하므로 그를 사랑하고 리브가는 야곱을 사랑하였더라"고 알려준다. 그 아이들은 부모에게 해줄 수 있는 것에 따라 평가되었다. 사냥을 좋아한 이삭은 에서를 사랑했다. 리브가가 왜 야곱을 사랑했는지 성경은 말해 주지 않는다. 아마도 리브가는 야곱에 대한 신탁을 기억했을 것이다. 리브가는 자신이 있는 장막 주변을 맴도는 야곱의 성향을 좋아했을 것이다. 자녀의 기질은 모두 다르다. 어떤 자녀는 운동을 좋아하고 외향적이며, 또 어떤 자녀는 수줍은 책벌레다. 어떤 아이는 음악이나 미술에 열정적인 반면, 다른 아이는 인터넷 서핑이나 자동차 분해를 좋아한다. 우리가 자신의 관심과 취향에 가장 가까운 자녀를 사랑하기가, 그리고 자녀를 우리 자신의 만족과 기쁨을 위한 도구로 이용하기가 얼마나 쉬운가. 그러한 편애의 결과가 얼마나 끔찍한가. 이삭과 리브가는 형제간에 일생 동안 진행된 다툼의 기반을 제공했다. 때가 되어 그들의 죄는 하나님의 심판을 초래할 것이었다. 이삭은 자신이 좋아하던 사냥으로 기만당하고, 리브가는 집에서 지내던 아들이 멀리 쫓겨나는 모습을 보게 될 것이었다.

그러나 그들의 죄마저도 하나님의 목적을 실현시킬 뿐이었다. 이삭과 리브가는 여호와 앞에서 자신들의 실패를 책임져야 했으나, 그들의 죄마저도 하나님의 은혜로운 목적을 진전시키기 위한 도구가 될 것이었다. 이것은 좋은 소식이다. 자신에게 가해진 부모의 죄악 된 행동에 영향을 많이 받은, 혹은 자신이 자녀에게 해로운 영향을 미쳤음을 자각하는 이들에게는 특히 그러하다. 당신의 부모가 당신에게 또는 당신이 당신의 자녀에게 상처를 준 방식마저 하나님의 주권 아래 있다. 하나님은 쓰디쓴 결과인 고통스러운 다툼을 통해서도 선한 결실을 맺게 하실 것이다. 하나님은 자기 자녀의 고난을 결코 허비하지 않으신다.

거래하자

형제 각자의 성향은 다음 장면을 위한 배경이 된다. 그들은 각기 자신이 가장 잘하는 것을 했다. 에서는 들판에 나가 사냥하다가 허기진 채 집으로 돌아왔다. 사냥으로 잡은 것을 장막 밖에 던져두고 안으로 들어오자, 자신이 좋아하는 팥죽을 야곱이 만들어 놓은 것을 보았다. 에서는 보자마자 그것이 먹고 싶었다(창 25:29-30). 그 점에서 특이하거나 잘못된 것은 전혀 없다. 그것은 가족 사이에 흔한 모습이다. 그러나 이 가족이 얼마나 역기능적이었는지 이어지는 내용에서 드러난다. 그 같은 상황에서, 대부분의 사람들은 이렇게 말할 것이다. "형님, 얼른 여기 앉아서 좀 드셔요. 오늘은 어땠어요? 사냥이 잘 되던가요?" 그러나 야곱이 에서에게 한 말은 "형의 장자의 명분을 오늘 내게 팔라"(창 25:31)였다. 에서가 그렇게 하겠다고 약속하는 듯한 말을 했음에도, 야곱은 에서에게 맹세할 것을 요구했다. 자신의 비열한 계획에 여호와의 이름을 끌어다 붙인 것이다.

야곱이 무엇을 한 것인가? 야곱은 사탄의 지름길을 취하고 있었다. 야곱은 하나님이 하나님의 시간에 "큰 자가 어린 자를 섬기리라"는 약속을 실현하시도록 기꺼이 기다리지 않았다. 대신 자기 스스로, 자신의 꾀로 그 거래를 마무리하기 원했다. 물론 에서는 그런 거래에 동의하지 말았어야 했다. 자신의 장자권을 기꺼이 포기하기보다는 마른 떡 조각 먹는 편을 택했어야 했다. 인간적인 관점에서 말하면, 그에게 장자권이 있다는 것은 약속된 메시아가 그의 계보에서 나옴을 뜻했다. 그는 그 특권보다 팥죽 한 그릇을 더 소중히 여겼다.

더 심각한 것은, 그의 주장에도 불구하고 그것이 에서에게 죽고 사는 문제가 아니었다는 사실이다(창 25:32). 그가 그 죽을 먹지 않는다고 죽는 건 아니었다. 그것은 자신의 기질에 이끌려 영원히 가치 있는 것을 순간의 기쁨과 바꿔버린 사람의 문제였다. 심지어 에서는 그 요리를 음미하려 하지도 않았다. 급하게 삼키고는 자신이 남겨둔 일을 생각하지 않고 밖으로 나가버렸다. 그러나 우리가 에서의 그 행동을 비판하기 전에, 우리도 매일 같은 일을 행하고 있지는 않은지 돌아볼 필요가 있다. 우리가 하나님나라를 위해 결별해야 함에도 소중히 붙들고 있는 죄들이 있다. 우리가 하나님나라보다 더 소중히 여기는 성향이나 순간적인 즐거움이 있다. 그것은 음식, 성관계, 다른 사람의 찬사나 인정 또는 우리가 하나님의 자녀로서 지닌 장자권보다 더 소중히 여기는 다른 수많은 것일 수 있다. 사람들은 순간의 만족을 추구하다가 자신의 경력과 명성과 생명을 파멸로 몰아넣는다. 어떤 이들은 극적인 방식으로 그리한다. 그러나 사실 우리 모두 극적이지는 않더라도 매일 그 같은 선택을 하고 있다. 우리는 하나님이 공급해 주시는 것을 기다리며 배고픔을 기꺼이 감수하기보다, 탐욕이나 교만이나 분노나 악감정 또는 어떤 것

이든 각자의 '팥죽'에 자신을 넘겨준다. 이 부분에 있어 죄 없는 자
가 먼저 돌을 던져야 할 것이다.

장자권을 가볍게 여김

에서는 자신의 장자권을 가볍게 여겼다(창 25:34). 그가 가볍게
여긴 것을 빼앗기는 것은 합당했다. 야곱이 장자권을 물려받게 하
신 하나님의 선택은 부당하지 않다. 왜냐하면 단지 에서가 무가치
하게 여긴 것을 그에게서 취하신 것이기 때문이다. 선택의 과정은
언제나 그런 식으로 작용한다. 하나님나라의 바깥에 남아 있는 자
들, 하나님 백성의 일원이 되도록 택하심과 부르심을 받지 못한 자
들은 자신이 바라며 원하는 어떤 것을 잃는 것이 아니라, 자신이 가
볍게 여긴 것을 잃는다. 노아는, 마치 방주가 가라앉는 배에서 갈아
탈 수 있는 마지막 구명정인 것처럼, 사람들이 방주로 들어오지 못
하도록 싸울 필요가 없었다. 그는 엽총을 들고서 배에 오르는 다리
곁에 서 있을 필요가 없었다. 사실은 정반대였다. 노아는 자기 세대
의 사람들에게 회개할 것을 간청했지만, 방주 안에 피신하길 원한
이들은 하나님이 그 마음을 변화시키신 사람들뿐이었다.

이것은 우리 주변 도처에서 볼 수 있는 모습이 아닌가? 온갖 다

른 종류의 영적 행로를 추구하면서도, 하나님과 그분의 구원 방식에 아무런 관심을 두지 않는 이들이 많다. 하나님은 자기 백성을 줄곧 택하며 부르시지만, 택함받지 못하는 자들은 하나님이 불공평하시다고 결코 불평하지 않을 것이다. 스스로 남겨진 그들은 선택받기를 전혀 바라지 않는다.

야곱은 사탄의 지름길을 취함에 따른 끔찍한 대가를 치른다. 그는 연이은 교묘한 계략으로 장자권과 그 축복을 취하였으나, 오랜 시일이 지나서야 비로소 그것을 자유로이 누릴 수 있었다. 창세기 25장 앞부분에 나오는 이삭과 리브가와 달리, 야곱은 하나님이 약속하신 바를 행하시도록 기꺼이 인내하며 기다리지 않았다. 그는 그 축복을 '지금' 얻기 원했다. 아마 당신도 그 유혹을 알고 있을 것이다. 당신은 하나님의 치유를, 또 하나님이 당신에게 배우자나 자녀 주시기를, 또는 참으로 힘든 상황에서 당신을 건져내 주시기를 원한다. 그러한 소원을 갖고 당신의 생애에 하나님이 개입해 주시기를 간구하는 것은 합당하다. 그러나 만일 지금 당장 그것을 얻기 원한다면 주의하라. 당신은 하나님보다 그 축복을 더 바라는 위험에 처해 있으며, 그렇게 되면 당신은 지름길을 제시하는 사탄의 쉬운 먹잇감이 될 수 있다.

분명 사탄의 지름길은 효력이 없다. 그 지름길은 많은 것을 약속하지만, 실제로 주는 것은 거의 없다. 사탄은 약속의 땅으로 들어가는 지름길을 약속하지만, 40년 동안 광야에서 배회하도록 인도한다. 축복을 얻는 쉬운 방법을 약속하지만, 평생 도망 다니도록 인도한다. 순종이 그 당시에는 종종 힘든 선택인 것 같다. 믿음으로 모든 것을 하나님께 맡기는 것은 언제나 힘든 것 같지만, 아브라함과 이삭과 야곱이 경험했듯 길게 보면 훨씬 더 쉽다. 믿음으로 사는 것은 쉬운 길이 아닐 수 있지만, 궁극적으로 하나님 그리고 주변 사람들과 화평하게 살아가는 유일한 길이다.

그러나 야곱의 죄는 그를 하나님의 계획에서 계속 벗어나 있게 하지 않는다. 그의 성급함과 죄악 된 자기 확신과 탐욕이 그를 향하신 하나님의 목적을 무산시킬 수 없다. 야곱의 죄가 초래한 힘든 길은 궁극적으로 그를 성화시키기 위해 하나님이 택하신 경로로 입증될 것이다. 하나님은 그것을 방편으로 삼아 야곱의 자기 확신을 깨뜨리시고, 하나님의 과분한 자비를 절대적으로 필요로 하는 존재임을 그에게 보여주신다.

야곱이 필요로 하는 구주

에서와 야곱 같은 쌍둥이와 하나님이 무슨 관련이 있을까? 이들 중 한 명은 자신의 영적 특권보다 죽 한 그릇을 더 소중히 여겼고, 다른 한 명은 그 장자권을 매입하거나 조작할 수 있는 상품으로 여겼다. 하나님은 이들 중 누구를 택하여 구원하셔야 했을까? 중립적인 입장에 서 있는 사람은 둘 다 아니라고 말할 것이다. 둘 중 누구도 하나님의 택하심을 받을 자격이 없다. 적합한 자격이 죄와 부패성이 아닌 한, 둘 다 하나님이 택하신 백성의 선조가 될 자격이 없다. 하나님의 평가가 우리의 평가와 다르다는 이보다 더 분명한 증거가 어디 있을까? 하나님은 강한 자를 부끄럽게 하기 위해 약한 자를 택하실 뿐 아니라, 자기의 선을 신뢰하는 자를 부끄럽게 하기 위해 죄인을 택하신다. 우리의 구원이 전적으로 은혜라는 사실에 대한 증거가 더 필요할까?

그러면 하나님이 그토록 중한 죄인들을 어떻게 구원하실 수 있을까? 오직 한 가지 소망이 있다. 하나님은 전혀 야곱이나 에서 같지 않은 그리고 우리 같지 않은 구주를 보내셔야 한다. 우리에게 필요한 구주는 자신의 장자권(하나님과 동등하게 여김을 받으며 천사들의 영원한 찬양을 받는 장자권)을 탐욕스럽게 획득하는 것이 아니라, 다른 이들을 위해 스스로 포기하는 것으로 여기는 분이다. 우리에게 필요한 구주는 사람을 상품으로 이용하며 자신의 목적을 이루기 위해 학대하는 것이 아니라, 기꺼이 종의 수건을 걸치시는 분이다. 자신의 제자들을 위해 음식을 만드실 뿐 아니라 그들의 발을 씻기는 훨씬 더 비천한 일도 마다하지 않는 분이다. 우리에게 필요한 구주는, 그의 택하심을 받은 사람들이 하나님의 거룩한 자녀가 되게 하는 장자권(우리가 가볍게 여기며 발로 짓밟는 장자권)을 매우 소중히 여겨 은금으로 측량할 수 없는 값을 기꺼이 지불하고 그것을 사신 분이다. 야곱에게 필요한 구주는 그런 분이다. 하나님의 불가항력적 은혜만이 야곱의 죄와 자기중심성을 덮을 수 있다. 우리에게 필요한 구주가 바로 그런 분이다. 하나님의 불가항력적 은혜만이 내 죄와 자기중심성을 덮을 수 있다. 하나님이 우리를 위해 보낸 예수님이 바로 그런 구주시니 하나님께 감사드리자!

생각해 볼 문제

FOR FURTHER REFLECTION

1 이삭의 생애가 아브라함의 생애와 그토록 여러 면에서 평행을 이루는 것이 왜 의미심장할까?

2 이삭은 하나님의 약속이 자신의 생애 동안 실현될 것 같지 않을 때 어떻게 했는가? 당신은 삶의 어느 영역에서 하나님의 약속 실현을 의심하도록 유혹을 받는가?

3 끈기 있게 기다리는 것을 배우는 비결은 무엇인가?

4 하나님이 본래의 순서를 뒤바꾸어 야곱을 택하신 이유는 무엇일까? 하나님의 이 같은 속성이 우리에게 좋은 소식인 이유는 무엇인가?

5 팥죽 사건에서 야곱과 에서는 어떤 식의 잘못을 범했는가? 우리는 그리스도인으로서 자신의 장자권을 어떻게 가벼이 여길 수 있을까? 우리는 하나님의 복을 받기 위해 어떻게 그분을 조종하려 할까?

6 야곱과 에서는 우리에게 필요한 구주가 바로 예수님임을 우리에게 어떻게 알려줄 수 있을까?

Chapter
02

족장 Ⅱ : 아브라함의 아들
_ 창세기 26장

영화 제작자들에게는 속편에 대한 열정이 있다. "록키"나 "쥬라기 공원" 같은 성공적인 영화는 유사한 영화를 선보이게 하는 경향이 있다. 이 같은 종류의 속편은 종종 등장인물뿐 아니라 기본 줄거리 구성도 동일하다. 헐리우드의 관점에서 보면, 이러한 접근법은 독창적인 발상을 이끌어내기 위한 수고는 물론이고 각본을 쓰는 데 필요한 많은 시간과 노력을 절감해 준다.

이삭의 생애가 여러 면에서 아브라함 생애의 이 같은 속편이라는 사실을 앞에서 언급했다. 줄거리 구성과 주제를 공유하는 속편이다. 우리는 그의 생애에 대한 영화에 "족장2: 아브라함의 아들"이라는 제목을 쉽게 붙일 수 있다. 그러나 이 같은 접근법에서 성경의 목표는 시간과 돈을 절감하는 것이 아니다. 저자에게 독창적인 발상이 결여되어 이 접근법을 사용하는 것도 물론 아니다. 이삭의 삶에서 같은 주제들이 의도적으로 반복되는 것은 아브라함 생애의 핵심 메시지, 즉 하나님이 약속하신 바를 이루심을 신뢰할 수 있다는 메시지를 강조하기 위함이다. 또 그 약속이 다음 세대의 생애에서도 어떻게 계속 작용하는지를 보여주기 위함이다.

또다시 감정으로

아브라함의 경험이 이삭의 생애에 재연되는 일은 창세기 26장에서 계속된다. 첫째, 아버지와 아들은 아내의 불임이라는 경험을 공유했는데, 이제 메마른 땅이라는 경험을 공유한다. 약속의 땅이 다시 기근으로 메말랐다. 이 유사성이 1절에서("아브라함 때에 첫 흉년이 들었더니") 강조된다. 이삭은 아버지가 예전에 그랬듯, 약속을 포기하고 풍성한 번영의 땅인 애굽으로 내려가려는 동일한 시험에 직면한다. 그러나 결정적인 시점에 여호와께서 이삭에게 나타나 애굽으로 가지 말라고 말씀하신다(창 26:2). 그는 기근에도 불구하고 자신이 있는 곳에 머물러야 했다. 여호와께서는 아브라함에게 하신 자신의 맹세를 이루어 그에게 땅과 후손과 복을 주고, 그의 후손을 통해 땅의 만민이 복을 받을 것이라 약속하셨다. 하나님을 신뢰하는 명백한 어리석음과 자신의 눈으로 보고 선택하는 지혜 사이에서 선택에 직면하여, 이삭은 다시 한번 의기양양하게 시험을 통과한다. 이삭은 하나님의 분명한 약속의 말씀에 의지하여 믿음으로 그 유혹을 거부한다. 자녀가 아버지의 죄에서 교훈을 배운다는 교훈을 주는 이야기인 것처럼 보인다.

그러나 이삭이 아버지의 믿음을 통해 배워 애굽의 유혹을 안전하게 물리치는 것처럼 보이자마자, 곧바로 아버지가 애굽에서 범한 것과 똑같은 죄에 빠지고 만다. 그랄 땅에서 외국인 체류자로 살았으므로 이삭에게는 법적 권리나 자원이 없었다. 그 땅의 거민들에게 폭행당할 가능성이 있었고, 용모가 아름다운 리브가가 아내인 것이 드러날 경우 자신의 생명이 위험에 처할 것이 두려웠다(창 26:7). 리브가와 부부인 사실로 인해 직면할 사건이 두려웠다. 다윗과 밧세바의 이야기가 상기시켜주듯(참조, 삼하 11장), 그것은 전혀 비합리적이거나 근거 없는 두려움이 아니었다. 그 상황에서 이삭은 자신의 생명을 포기하기보다는 차라리 아내를 포기할 것을 각오한다.

여기서의 기본적인 논점은 우리에게 익숙하다. 과연 하나님이 약속을 이루어 이삭을 지키실 것이라 믿을 수 있을까? 하나님은 이삭과 함께하시며, 그에게 후손과 땅과 복을 줄 것을 약속하셨다(창

26:4). 따라서 하나님의 약속에 대해서는 의문의 여지가 없었다. 문제는 이삭이 하나님을 믿는 믿음을 붙잡고 유혹을 물리치느냐, 아니면 하나님의 약속 실현에 조금이나마 도움이 되려 한다는 기만적인 전략을 채택하느냐 하는 것이다.

이 경우 예전 그의 아버지처럼, 이삭은 자신을 지키기 위해 오해의 소지가 있는 반쪽 진실을 말하려는 유혹에 넘어갔다. 그에게는 자신의 목숨을 돌보는 것이 하나님께 순종하는 것보다 더 중요했다. 아이러니하게도 그가 목숨 다해 신뢰하기를 주저했던 하나님이 모리아산의 제단에서 그를 대신해 어린 양을 제공하신 바로 그 하나님이었다. 만일 하나님이 이삭의 아버지가 치켜든 칼에서 이삭의 생명을 건질 수 있었다면, 이교 사회에서 살아가는 매일의 삶의 위험에서도 이삭을 구해내실 수 있지 않았을까? 이삭은 그 경험에서 아무것도 배우지 못한 것일까? 그러나 이삭을 비난하기 전에, 우리 자신의 마음을 점검해 볼 필요가 있다. 우리는 목숨이 위기에 처한 것보다 훨씬 덜 위험한 상황에서 하나님께 순종하지 못하는 경우가 얼마나 잦은가? 우리는 종종 우리를 대신해 갈보리의 십자가에 달리신 어린 양을 통해 하나님이 보여주신 사랑을 잊은 채, 단순한 위안이나 즐거움이나 명성을 얻기 위해 자기방어적인 기만의 길을 택한다. 우리는 얼마나 나약하고 변덕스러운가!

이삭은 하나님에 대해 잘못 판단했으며, 주변 사람들에 대해서도 잘못 판단한 걸로 밝혀졌다. 그는 자신의 속임수가 마침내 드러나기 전까지 오래도록 그랄에서 평온하게 살았다. 자기 아버지 때와 달리, 리브가를 왕의 후궁으로 빼앗길 위험에 전혀 처하지 않았다. 그러나 아비멜렉이 정상적으로는 누이에게 할 수 없는 행동을 하는 이삭(창 26:8)을 불러 그 이유를 설명하게 했을 때, 이삭은 자신의 속내를 드러내는 답을 한다. "내 생각에 그로 말미암아 내가 죽게 될까 두려워하였음이로라"(창 26:9). "내"라는 대명사가 문제였다. 그는 자신만을 생각했고, 자신의 행동이 다른 사람에게 미칠 해악에 대해서는 생각하지 않았다. 그의 속임수로 다른 사람이 리브가를 아내로 취할 수 있다는 가능성을 전혀 생각하지 못했다. 아울러 그는 이 아비멜렉(창세기 20장에서 이삭의 아버지가 상대해야 했던 아비멜렉의 자손이었을 것이다)이 존경받을 만하며 하나님을 경외하는 사람일 수 있다는 가능성도 전혀 고려하지 않았다. 이삭은 하나님이 그의 주변에 있는 이교도들 가운데서도 선을 이루실 수 있다는 가능성을 간과했다.

하나님 경외하기를 잊어버림

그것이 바로 우리가 범하는 죄의 뿌리인 경우가 얼마나 많은가? 우리는 '자신'이 원하는 것에 이끌린다. '자신'을 안락하게 해주고 '자신'을 안전하게 해줄 것 같은 것에 이끌리며, 다른 사람을 생각하지 않는다. 우리는 뭔가를 두려워할 때면 하나님을 전적으로 배제하고 미래를 예측한다. 당신이 불편한 감정을 두려워하여 누군가에게 복음 전하는 일에서 손을 뗀다면, 당신은 그 대화의 결과를 미리 예측하고 있는 것이다. 그러면 복음을 통해서만 깨끗이 제거될 수 있는 그 사람의 죄에 대해서는 어떻게 할 것인가? 당신은 어쩌면 그런 사람은 하나님을 믿을 수 없거나 구원받을 수 없을 것 같다고 스스로 생각할 것이다. 하나님이 당신을 이끄실 때 당신의 삶 가운데서 행하신 그 크신 능력을 잊어버렸는가? 인간적인 기준에서 아무리 불가능해 보일지라도, 하나님이 그 사람의 마음속에도 동일한 작용을 일으키실 수 없겠는가? 하나님께 너무 어려운 일이 있겠는가?

또 주목할 만한 사실은, 이삭이 하나님 경외하기를 멈추고 하나님께 먼저 순종하기를 멈추자 다른 모든 사람을 두려워하기 시작했다는 것이다. 하나님을 경외하는 한 그는 어떤 사람도 두려워하지 않았고, 자유로이 나가서 다른 사람을 담대히 도왔다. 그러나 자신에 대해서만 그리고 자신을 지키는 일에 대해서만 생각하기 시작했을 때, 그는 다른 사람과 그들을 돌보는 일에 대한 생각을 중단했다. 더 이상 다른 사람을 편안한 마음으로 돕지 않았다. 그것은 자신도 모르게 일어나는 변화였으며, 우리 모두에게도 아주 쉽게 일어날 수 있는 일이다. 이 본문에 대해 생각하면서, 나 또한 까다롭지만 꼭 필요한 전화를 미루고 있다는 것도 알게 되었다. 다른 사람을 두려워했기 때문에, 나는 편한 마음으로 그들에게 축복이 되지 못했다.

만일 내가 하나님을 경외하며 신뢰한다면, 어떤 사람이 나를 공격하며 내 명예를 훼손시키려 할 때 방어적으로 대응할 필요가 없다. 나는 편한 마음으로 그 사람의 비판을 받아들이고, 내 약점이 노출될까봐 두려워서 화를 내기보다는 그 비판이 어느 정도나 사실에 근거한 것일 수 있는지 자문한다. 만일 내가 하나님을 경외한다면, 나는 내 연약함을 인정하고 자백하면서 하나님을 섬길 수 있으며, 어떤 상황에서도 자족할 수 있을 정도로 하나님을 신뢰하게 된다.

우리의 자기방어에 대한 해결책은 무엇일까? 그 해결책은 복음이다. 우리는 예수님에 대해 거듭 상기할 필요가 있다. 예수님은 사람을 두려워하지 않으셨고, 자신을 구하기 위해 진실을 덮지 않으셨다. 지상 생애 중에 그의 진정한 정체성이 가려진 것은 자신의 안전을 위함이 아니었다. 반대로, 자신의 신부인 교회를 위해 목숨을 버림으로써 그 신부를 지키기 위함이었다. 그의 생각은 자신과 자신의 안위에서 비롯된 것이 아니었다. 그의 초점은 전적으로 하나님의 영광에 맞춰져 있었다. 그 영광은 불의하고 무가치한 사람들을 구원해 거룩한 백성으로 변화시키심으로써 드러날 것이었다. 이 계획은 아브라함의 자손에게만 국한된 것이 아니었다. 그의 사역은 이삭처럼 언약을 깨뜨리는 아브라함 자손들과 함께 아비멜렉 같은 이방인들도 하나님나라의 유업을 얻게 하여, 하나님의 구원이 땅 끝까지 확장되게 하는 일을 포함했다. 이는 하나님이 선지자 이사야를 통해 당신의 종에게 선언하신 말씀이다. "네가 나의 종이 되어 야곱의 지파들을 일으키며 이스라엘 중에 보전된 자를 돌아오게 할 것은 매우 쉬운 일이라 내가 또 너를 이방의 빛으로 삼아 나의 구원을 베풀어서 땅 끝까지 이르게 하리라"(사 49:6). 이 하나님을 알고 경외함으로써 당신은 이 세상의 그 어떤 두려움에서도 자유로울 수 있다. 이 하나님이 우리와 함께하시면 그 누가 우리를 대적할 수 있겠는가?

물론 이것은 당신이 하나님을 경외하면 나쁜 일이 결코 일어나지 않는다는 것은 아니다. 예수님은 하나님을 철저히 경외하였으나, 우리가 겪는 온갖 시련과 도전과 유혹에 직면했다. 그의 생애에 대한 하나님의 놀라운 계획은 십자가에서 절정에 달했으며, 그 십자가의 그림자는 그를 따르는 자들의 생에도 드리운다. 만일 우리가 진정으로 예수님의 형상으로 개조되어 간다면, 우리의 생애도 십자가 형상에 합치할 것임을 예상해야 한다. 그러나 우리가 이 시련과 도전을 두려워할 필요가 없는 것은, 십자가에 달리신 주님의 손이 우리를 지켜주시기 때문이다.

신실하게 함께하시는 하나님

하나님은 약속하신 대로 이삭과 함께 계셨다. 이삭의 죄와 실패에도 불구하고 하나님은 신실하셨다. 하나님의 축복이 이삭에게 머물렀고, 이삭은 부자가 되었다. 이삭은 뿌린 것의 백 배를 거두었고, 심지어 기근이 들었을 때도 물질적으로 형통했다(창 26:12-13). 그러나 물질적 축복은 언제나 문제와 난관을 유발한다. 예전에 아버지처럼 이삭도 번영이 궁핍만큼이나 큰 시험거리일 수 있음을 보았다(참조, 창 13:5-7). 이삭은 블레셋인들 가운데 거하고 있었는데, 그들이 이삭의 번영을 시기하여 괴롭히기 시작했다. 이삭의 양떼와 소떼를 위한 우물을 막고, 마침내 그들의 땅을 떠날 것을 요구했다(창 26:15-16). 이삭의 생애는 다툼이 끊이지 않았고 억지로 떠돌아다니는 삶이 되어버렸다.

하나님이 한 손으로 주시면서 다른 손으로 거두어가시는 것처럼 보이는 이유가 무엇일까? 하나님은 이삭의 우선순위를 그에게 보여주기 위해 다시 한번 이삭의 마음을 드러내셨다. 이삭은 예전의 자기 아버지처럼 자신도 약속의 땅에서 외인이요 낯선 자임을 자각해야 했다. 그에게 주시는 하나님의 궁극적 축복은 물질적 형통과는 다르며 그 이상인 어떤 것에 달려 있었다. 아브라함과 맺으신 하나님의 언약에는 한 필지의 부동산 소유권 그 이상이 있었다. 그 땅을 소유하기는커녕 이삭은 그 소유자들에게 쫓겨나야 했다. 창세기 26장 4절에서 하나님이 약속하신 것처럼, 그의 자손이 땅의 만민에게 복이 되기는커녕 그들이 그를 골칫거리로 여겨 저주하였다. 이삭의 종들이 아브라함 시대에 팠던 옛 우물 중 하나를 복원할 때마다 블레셋 사람들이 와서 빼앗았다(창 26:18-21). 타락한 세상에서 삶은 흔히 그런 식이다. 만일 하나님이 한 영역에서 당신의 삶을 축복하시면, 곧 다른 영역에서 심각한 도전이 기다리고 있다.

블레셋 사람들과의 끊임없는 다툼은 이삭을 쉽게 지치게 하고, 그 약속을 의심하게 했을 수 있다. 그러나 이삭은 인내했고, 마침내 아무도 싸우려 들지 않는 우물을 찾아냈다. 이삭은 그 우물을 "르호봇"(넓은 곳)이라는 의미심장한 이름으로 불렀는데, 이는 믿음의 선언이었다. "이제는 여호와께서 우리를 위하여 넓게 하셨으니 이 땅에서 우리가 번성하리로다"(창 26:22). 처음에 하나님은 번성하여 땅을 가득 채우라고 사람들에게 명하셨다(창 1:28). 이제 이삭은 하나님이 그 말씀을 실현할 장소를 주셨다고 선언한다. 이어 여호와께서 브엘세바에서 다시 나타나 그 약속을 확인시켜주셨고, 이삭은 그곳에 단을 쌓아 하나님을 예배했다(창 26:24-25). 하나님과의 교류로 믿음이 고무되었다.

화평의 결실

이웃과 화평하게 살려는 이삭의 노력에 결국 하늘의 결실은 물론이고 땅의 결실도 맺게 된다. 이 모든 일이 있은 후 아비멜렉은 브엘세바에서 이삭과 계약을 맺는데, 그곳은 일찍이 그의 선조가 아브라함과 계약을 맺은 곳이다(창 26:26; 참조, 창 21:22-24). 당연히 그랬어야 하는 일이다. 만일 우리가 하나님의 백성답게 살면, 우리 삶에 매력적인 그 무엇이 있어야 한다. 성경에 따르면, 사람들이 우리의 침통한 얼굴을 통해서가 아니라 사랑을 통해 우리를 그리스도인으로 알아보아야 한다. 우리는 불평하는 자나 트러블메이커가 아니라 피스메이커로 알려져야 한다. 세상적인 차원에서도 사람들이 두려워하는 이웃이 아니라 함께하기를 갈망하는 이웃이어야 한다.

바울은 말한다.

> *아무에게도 악을 악으로 갚지 말고 모든 사람 앞에서 선한 일을*
> *도모하라 할 수 있거든 너희로서는 모든 사람과 더불어 화목하라*
> _롬 12:17-18

이삭은 악을 악으로 갚지 않는 원칙을 분명히 보여주었다. "선한 일만 네게 행하여 네가 평안히 가게 하였음이니라"(창 26:29)는 아비멜렉의 주장을 들었을 때, 이삭의 눈썹이 치켜세워졌을 수 있다고 혹자는 생각한다. 이삭은 '내 기억으로는 그렇지 않다'는 식으로 반응하며 전과 같은 다툼을 재개하고 싶은 유혹을 받았을 수도 있다. 그러나 이삭은 그 유혹을 거부했다. 그는 잠언 19장 11절 "노하기를 더디 하는 것이 사람의 슬기요 허물을 용서하는 것이 자기의 영광이니라"는 말씀의 교훈을 배웠다. 그러나 이삭과 아비멜렉 사이의 이 계약에는 지혜로운 행동의 본보기 그 이상이 있다. 창세기 기자는 이웃과 화목하게 지내는 것 이상을 보여주기 원한다. 그가 우리에게 보여주기 원하는 것은, 창세기 12장 3절에서 하나님이 아브라함과 더불어 맺으신 바로 그 언약이 성취되었다는 것이다. 그 약속은 하나님이 창세기 26장 4절에서 이삭에게 재차 말씀하셨다.

하나님은 여러 민족이 나와서 아브라함과 그의 후손을 통해 복을 얻을 것이라고 약속하셨다. 아브라함 및 그의 후손과의 관계에서 발견되어야 하는 화평이 있으며, 이 화평은 아브라함의 궁극적 후손이신 예수 그리스도와의 관계 속에서 발견되는 화평의 전조가 되며 그것을 내다보게 하는 것이다. 궁극적으로 모든 이들이 화평을 발견하려면 그분에게로 나아와야 한다.

아비멜렉이 이삭에게 끌린 것은 무엇 때문일까? "여호와께서 너와 함께 계심을 우리가 분명히 보았으므로"(창 26:28). 바로 이 때문이다. 그의 생활양식을 통해, 화평을 지향하는 그의 성품과 그에게 분명히 주어진 하나님의 축복으로 인해, 이삭은 우리와 함께하시는 하나님인 임마누엘의 기본적인 진실을 나타냈다. 이삭의 삶은 사람들을 그와 동행한 하나님께로 향하게 했다. 이삭은 사람들을 오실 분 곧 임마누엘('하나님이 우리와 함께하신다')이라 불리는 분에게로 향하게 했다. 그분은 인간의 형체를 입으신 하나님이었고, 하나님과 우리를 화목하게 하기 위해 우리와 함께하는 분이었기 때문이다. 예수께서 오신 것은 우리가 이 땅에서 형통하기 위함이 아니라, 그분 안에서 모든 영적 축복을 주기 위함이었다(엡 1:3). 예수께서 오신 것은 단지 우리에게 살아갈 공간과 우리의 소유라 주장할 수 있는 우물을 주기 위함이 아니라, 우리에게서 만민에게로 흘러 나가는 생수를 주시며, 우리의 증언을 통해 사람들을 그분에 대한 믿음으로 이끌기 위함이었다(요 7:38). 당신의 생활양식을 보고서 사람들이 "여호와께서 너와 함께 계심을 우리가 분명히 보았으므로"(창 26:28)라고 말할 수 있겠는가? 당신의 매일의 행보가 사람들에게 당신이 섬기는 하나님, 당신의 삶 속에 함께하시는 하나님을 분명히 보이게 하는가?

잠시 생각해 보라. 당신의 믿지 않는 이웃이 그리스도인에 대해 생각할 때 무엇을 보겠는가? 모든 사람의 죄를 지적하기를 일삼는 화난 사람들일까? 자기들처럼 보거나 생각하지 않으면 누구든 배제시키는 정치운동가일까? 아니면 그들의 삶 속에서 예수님의 형상을 보여주는 사람일까? 잃어버린 바 된 죄인들을 향한 사랑과 긍휼을 확연히 보여주는, 파티를 즐기는 법을 알고 파티에 함께함으로써 모든 참석자를 기쁘게 해주는 사람일까?

또 예수님의 경우, 그분과 민족 간에 불가침 조약 같은 것이 전혀 없었다. 도리어 민족이 예수님을 십자가에 못 박아 죽이려고 그의 백성과 공모했다. 예수님의 자애로운 배려는 충돌 상황에서 벗어나게 하기는커녕 예수님을 십자가로 내몰았다. 그러나 이것마저 택하신 자들을 당신께로 이끌기 위한, 유대인과 이방인을 한 몸으로 연합시키시기 위한 하나님의 주권적인 목적의 일부였다(행 4:27-28).

우리 역시 마찬가지다. 의로운 생활양식이 언제나 주변 사람들과의 불화 관계를 면하게 해주지는 않는다. 이웃과 화목하게 살라며 우리에게 당부하는 바울의 권고 이면에는, 디모데를 향한 진지한 경고가 있다. "무릇 그리스도 예수 안에서 경건하게 살고자 하는 자는 박해를 받으리라"(딤후 3:12). 그러나 핍박 가운데서도, 우리의 화평과 온유함과 인내는 여전히 사람들을 우리의 하나님에게로 향하게 할 수 있다.

세상과의 결혼

그러나 훗날 브엘세바라 이름 짓게 된 이삭의 화평 언약이라는 정점이 지난 후, 창세기 26장은 부정적인 내용으로 마감한다. 이삭이 주변 사람들과 올바르게 관계 맺는 방식을 보여주었다면, 에서는 믿지 않는 주변 사람들과 그릇되게 관계 맺는 방식을 보여주었다. 믿지 않는 자들과 결혼한 것이다. 이삭이 영적으로 적합한 아내를 맞이하도록 아브라함이 각별하게 노력한 사실이, 에서에게는 대수롭지 않게 여겨졌다. 에서는 영적인 일에 대해, 약속의 땅에 대해, 그리고 이 세상에서 나그네와 외인으로서 믿음으로 살아감에 대해 전혀 관심을 기울이지 않았다. 아이러니하게도 아버지 이삭이 리브가와 결혼한 바로 그 나이에 에서는 이 세상 사람과 결혼했으며, 이 교도 아내를 하나도 아닌 둘이나 얻었다(창 26:34). 결국 에서는 부모에게 큰 슬픔의 근원이 되었다.

이는 우리가 세상 사람들을 그리스도께로 이끄는, 하나님께 받은 역할을 완수하려면, 그리스도인으로서 차별성을 지니고 있어야 함을 상기시킨다. 우리를 세상과 다르게 만드는 소금기가 있어야 한다. 우리는 세상 안에 있지만 세상에 속하지 않았다. 우리의 일터나 이웃들 속에서 다른 모습을 보여야 한다. 구약성경은 물론이고 신약성경에서도 하나님의 백성이 불신자와 결혼하는 것에 대해 경고한다. 왜 당신의 가장 깊은 열정을 공유하지 않는 어떤 사람과 가장 깊은 차원에서 당신의 삶을 함께하고자 하는가? 그러한 결합은 거의 불가피하게 당신의 결혼생활을 망치거나 신앙을 망칠 것이다. 우리는 구별된 사람으로 부름받았다.

이삭은 그의 모든 결함에도 불구하고 그런 사람이었다. 그는 육적으로나 영적으로나 아브라함의 참된 아들이었다. 야곱 또한 적어도 그가 하나님을 의지하는 동안에는 그런 사람이 되려 했다. 그러나 에서는 영적인 의미에서 아브라함의 아들이 아니었고, 결코 그렇게 되려고도 하지 않았다. 따라서 우리는 그들이 태어나기 전에 하나님이 주권적으로 선언하신 것이 에서와 야곱의 삶에서 실현되

어 가고 있음을 본다. 구원을 위해 하나님이 택하신 자는 큰 자가
아니라 어린 자였다.

선택: 독단적이 아니라 주권적이다

선택 교리는 많은 사람에게 어렵다. 그들은 하나님이 누구는 구
원하려 선택하시고 누구는 제외시키신다는 개념이 공평한지 고심
한다. 그래서 어떤 이들은 그것이 단지 하나님의 예지에 대한 문제
일 뿐이라고 주장했다. 하나님은 사람들이 하나님을 택할 것을 미
리 아시고, 그들의 선택에 대한 반응으로 그들을 택하신다는 것이
다. 그러나 성경은 분명히 밝힌다. 택하신 자들에 대한 하나님의 사
랑은 그들이 태어나기 오래 전부터 존재했고, 그 시점은 세상의 기
초가 놓이기 전까지로 거슬러 올라간다(엡 1:4-5). 하나님이 우리를
사랑하시는 것은 우리가 그를 사랑할 것을 내다보셨기 때문이 아니
다. 도리어 우리가 하나님을 사랑하는 것은 처음부터 그가 우리를
사랑하셨기 때문이다(요일 4:10). 이런 식으로 우리의 구원은 우리
안에 있는 그 무엇에 달린 것이 아니라 하나님의 자비에 달린 것이
다(롬 9:16).

그러나 앞에서 보았듯이, 하나님의 선택이 주권적이지만 독단적

이거나 부당하지는 않다. 에서가 택함받은 아들이 되기를 간절히 원했음에도 하나님이 그를 밀쳐내어, 그를 당신의 택하신 백성 중에 들지 못하게 하신 것이 아니다. 에서는 자신의 영적 장자권에 대해 두 번이나 등을 돌렸다. 먼저, 그는 자신의 장자권을 팥죽 한 그릇에 동생에게 팔아버렸다(창 25:31-34). 또 구별되고 거룩한 백성을 창조하고자 하는, 하나님의 선택의 궁극적 목표를 도외시했다. 그 상황에서 에서는 자신이 제외된 사실에 대해 불평할 수 없었다.

그러나 우리는 야곱이 에서와는 대조적으로 매우 근사한 사람이어서 택함받은 것이 아니라는 점도 주목해야 한다. 야곱은 교활하고 음험하며 계산적인 생쥐 같은 모습을 보였다. 그의 생애의 초반부가 특히 그랬다. 그럼에도 그를 택하신 하나님의 선택이 주권적인 자비에서 비롯되었기에, 하나님은 계속해서 그의 삶에 개입하여 변화시키고, 하나님이 사용할 수 있는 사람으로 정화시키셨다. 그들의 삶을 보면 야곱도 에서도 하나님의 은혜를 받을 자격이 없다. 그러나 하나님의 주권적인 자비가 야곱에게 임하여 복을 받았고, 하나님의 은혜로 야곱의 마음이 변화되기 시작했다.

우리도 마찬가지다. 우리의 선택됨과 구원은 전적인 은혜다. 하나님이 당신을 택하신 것은 당신이 다른 사람보다 더 낫거나 더 스마트하거나 더 아름답거나 더 거룩해서가 아니다. 하나님이 당신을 택하신 것은, 다른 이들이 믿음을 보이려 하지 않을 때 당신이 믿음 보일 것을 내다보셨기 때문이 아니다. 우리가 여전히 추하고 반역 적인 죄인일 때 하나님이 우리를 택하신 것은, 그분의 택하시는 은 혜로 인함이다. 변화시키시는 하나님의 능력이 우리 마음속에서 작 용할 때도, 가장 뛰어난 성도라도 거룩한 삶의 길에서는 미미하게 시작할 뿐이다. 이 땅에 사는 동안 우리는 은혜를 필요로 하지 않을 정도의 수준에 결코 이를 수 없다.

그러나 구원에 있어 하나님의 주권적인 선택은 독단적이지 않 다. 한편으로 하나님의 택하심 안에 들지 못한 자들은 불평할 근거 가 전혀 없다. 그들이 정죄받는 것은 전적으로 합당한 일이다. 우리 가 자기 파괴적인 행로를 버리고 예수 그리스도 안에 있는 구원을 찾도록 눈물로 그들에게 간청하더라도, 그들은 전혀 받아들이지 않 을 것이다. 그 모든 개념을 그들은 어리석게 여긴다. 반면 하나님은 택하신 자들을 자신의 기쁨이 되는 백성으로 개조하기 시작하신다. 에베소서 1장 4절에서 말하듯 "우리를 택하사 우리로 사랑 안에서 그 앞에 거룩하고 흠이 없게" 하신다. 하나님의 택하심을 받은 자들 은 거만해질 근거가 전혀 없다. 그들에게는 전혀 칭의를 받을 만한 자격이 없다. 칭의는 오직 그들에게 돌려지는 그리스도의 의 덕분 이며, 내주하시는 성령의 권능으로 그들 안에서 효력을 발휘한다.

모든 것이 하나님께로 비롯되었으므로 모든 영광을 하나님께 돌림이 마땅하다.

우리가 사랑하는 이들이 택하심을 받지 못한 것 같고, 여전히 예수 그리스도의 복음을 거부하는 것을 생각할 때, 우리는 이 진리가 고통스러울 수 있다. 그러나 우리는 하나님의 지혜와 인자하심 안에서 편안할 수 있다. 그분은 우리보다 더 거룩하실 뿐 아니라 우리보다 더 사랑과 긍휼과 은혜가 많으시므로 우리는 그분을 신뢰할 수 있다. 이 진리는 우리 자신의 구원을 위해 우리가 하나님의 지혜와 인자하심 안에서 편안할 수 있음을 뜻한다. 우리의 추함과 지속적인 반역이 하나님의 넘쳐나는 엄청난 은혜를 결국에는 거부하지 못한다. 하나님의 파티에 초대는 누구에게나 열려 있다. 당신이 어떤 사람이든, 당신이 무슨 일을 해왔든, 예수님의 십자가 죽음으로 당신의 죗값 역시 청산될 수 있다. 너무 큰 죄를 범하거나 너무 추악하여 그 파티에 들어가지 못할 사람은 없다. 그 초청을 받아들이기에 너무 망가진 사람은 없다. 당신도 당신에게 돌려지는 그리스도의 의를 받을 수 있다. 하나님이 마지막 날에 그의 백성인 모든 이를 위해 예비하신 잔치에 당신도 참여할 수 있다. 그것은 진지한 초청이며, 우리는 많은 사람이 그 초청에 믿음으로 응답하기를 간절히 기도한다. 그러나 우리는 우리의 복음전도에 따른 결과를 선하신 하나님의 손에 맡긴다. 하나님은 그의 백성이 될 사람들을 세상의 기초가 놓이기 전에 택하셨다.

우리의 복음 증언이 매우 불완전하다는 점에 비추어 볼 때, 그것 역시 위안이 되는 생각이다. 하나님을 위한 우리 증언의 결과를 결정하는 것은 우리의 언변이 아니라 하나님이다. 우리의 증언이 에서의 귀에 들어갈지, 아니면 야곱의 귀에 들어갈지는 하나님의 선택에 달렸다. 에서의 귀에 들어가면 그 증언이 넌센스인 반면, 야곱의 귀에 들어가면 믿음으로 향하는 길이 멀고 힘들 수 있으나 마침내 영광으로 이끌 것이다. 우리의 증언이 지금 듣고 신뢰하며 믿을 준비가 되어 있는 아브라함의 귀에 들어갈지의 여부는 하나님의 선택에 달렸다. 그러므로 우리는 그리스도께 생수를 얻도록 모든 이를 그분께 초청하며, 여호와 우리 하나님이 부르시는 모든 이가 그분의 음성을 듣고 나아올 것을 확신한다. 그분이 모든 영광을 받으실 것이다.

생각해 볼 문제
FOR FURTHER REFLECTION

1 하나님이 우리에게 가장 좋은 일 행하실 것을 우리가 신뢰할 수 있음을 어떻게 알 수 있을까? 우리가 그것을 가장 절실하게 알아야 할 때는 언제일까?

2 주변에 이교도들 사는 곳에서, 하나님이 우리의 유익을 위해 일하심을 우리가 어떻게 알 수 있을까? 어떻게 하면 우리가 그들에게 축복을 가져다 줄 수 있을까?

3 형통이 우리에게 그토록 큰 시험인 이유가 무엇일까? 형통이 가져다주는 유혹을 우리가 어떻게 물리칠 수 있을까?

4 당신의 삶에서 세상과 결혼하려는 유혹은 어떤 식으로 다가오는가?

5 하나님의 선택이 독단적이지 않다는 것이 왜 중요할까? 하나님의 선택이 구원에 있어 결정적인 요소임을 아는 것이 왜 고무적일까?

Chapter
03

누구의 잘못인가
_ 창세기 27장

내가 어릴 적에 〈선데이 포스트〉라는 신문을 애독하던 기억이 난다. 그것은 스코틀랜드 신문이어서, 영국에서 자란 나는 매주 그것을 보진 못했다. 그러나 영국과 스코틀랜드의 경계 지점 북쪽에 사는 우리 친척들이 간행물을 가져다주곤 해서, 몇 달에 한 번씩 커다란 도서 꾸러미를 받았다. 뉴스는 언제나 때가 지난 것이었다. 그러나 뉴스 때문에 〈선데이 포스트〉를 읽는 것은 아니었다. 〈선데이 포스트〉에서 우리가 즐기는 것은 만화, 우스운 이야기 그리고 심층기사들이었고, 이것은 시일이 지나도 시대에 뒤떨어지지 않았다.

그 심층기사 중 하나가 "누구의 잘못인가?"라는 제목이 붙은 글이었다. 매주 그 기사에는 교통사고 관련 다이어그램을 첨부하곤 했다. 그것은 발생한 사건에 대한 간략한 설명과 함께 A, B, C를 표시한 차량 그림을 제시했다. 독자는 해당 사고의 책임이 누구에게 있는지를 결정한 다음, 자신의 답을 교통경찰이 제공하는 공식적인 답과 비교할 수 있었다. 그 기사가 우리 집에서 꾸준하게 인기를 끈 것은 인간 마음의 기본적인 특성에서 비롯되었다. 뭔가 잘못될 때마다, 우리는 항상 그것을 책임질 누군가를 찾아내려고 한다. 그것이 가벼운 사고든 아니면 예기치 못한 죽음을 수반한 큰 사고든, 우리는 그 책임이 누구에게 있는지를 찾아내려 한다. 본능적으로 우리는 잘못을 범한 누군가를 찾는다.

그러나 실제 삶에서 그런 물음에 대한 답은 종종 복잡하다. 그 책임을 A나 B나 C 중 하나에만 돌릴 수 있는 경우는 드물다. 흔히 '이들 모두'라는 답이 더 적절하다. 예를 들면, 인간이 에덴동산에서 범한 죄는 가장 먼저 누구의 책임일까? 뱀이 동산으로 들어오지 못하도록 지키지 못한, 그리고 뱀이 하와를 속일 때 그 곁에서 조용히 서 있던 아담의 잘못일까(창 3:6)? 사실 아담은 동산 지키는 임무를 하나님께 받았다. 아니면 아담이 속히 변명했듯 하와의 잘못이었을까(창 3:12)? 하와가 변명한 것처럼 그것은 뱀의 잘못이었을까(창 3:13)? 아니다. 하나님의 심판에서 분명히 드러나듯 그들 모두 잘못이다.

그러나 그 동산의 야비한 장면을 통해서도 소망의 메시지가 보인다. 인간의 궁극적 유익을 위한 하나님의 목적은 지속될 것이다. 그것은 인간의 실패로 좌절될 수 없다. 이것은 매우 중요한 성경적 원칙이다. 우리의 죄가 현실적이며 지속적인 결과를 초래할지라도, 우리의 삶을 위한 하나님의 은혜로우신 목적을 좌절시키지 못한다. 하나님의 주권은 우리의 가장 바람직한 행동에만 미치는 것이 아니다. 우리가 범할 수 있는 혹은 다른 사람이 우리에게 범할 수 있는 가장 암담하고 가장 이기적이며 가장 파괴적인 행동에도 하나님의 주권이 미친다. 하나님은 이들을 모두 사용하여 우리의 삶에서 자신의 선하고 완벽한 뜻을 이루실 것이다. 인간의 죄성에도 불구하고, 심지어 그 죄성을 통해 지속되는 하나님의 이 같은 선하심과 군건한 목적은, 창세기 27장에 수록된 가정불화의 서글픈 광경 속에서(또한 그 광경을 통해) 다시 한번 입증된다.

축복 넘겨주기

이제 이삭은 연로해졌다. 이삭은 하나님이 아버지 아브라함에게 주신 복을 자기 자녀에게 넘겨줄 때가 되었음을 느꼈다. 하나님은 아브라함에게 약속하시기를, 그가 큰 민족이 되고 그 민족을 통해 큰 복이 만민에게 이를 것이라고 하셨다(창 12:1-3). 하나님은 아브라함의 후손이 하늘의 별처럼 많아질 것이며(창 15:5), 그 후손이 가나안 땅에 거할 것을 약속하셨다(창 17:8). 무엇보다도 하나님은 아브라함의 하나님과 그 후손의 하나님이 될 것을 약속하셨다(창 17:8). 이 축복 약속은 이삭에게도 재차 주어졌다(창 26:24). 이제 이삭의 두 아들이 출생할 때 주어진 신탁(큰 자가 어린 자를 섬길 것이라는)에도 불구하고, 이삭은 그 축복을 자신의 장자이자 더 좋아하는 아들인 에서에게 넘기고 싶었다. 이삭이 에서를 사랑한 것은 에서가 밖에서 활동하는 유형이었기 때문이다. 에서는 이삭이 좋아하는 별미를 만들 수 있도록 사냥하여 잡은 것을 집으로 가져왔다. 그래서 이삭은 에서를 축복하기 전에 자신이 좋아하는 별미를 만들도록 에서를 사냥하러 보냈다.

그러나 리브가가 이삭의 계획을 듣고는 대책을 실행에 옮긴다. 리브가의 목표는 자기가 좋아하는 아들 야곱에게 그 축복이 돌아가게 하는 것이었다. 노인의 눈이 어두운 점을 이용해, 리브가는 에서의 좋은 의복을 야곱에게 입히고, 염소가죽으로 야곱의 매끈매끈한 부위를 덮었다. 그런 다음 야곱은 형처럼 차려입고 아버지에게 가(창 27:16) 리브가가 급히 만든 별미를 드리며 철저히 아버지를 속인다.

이삭은 시력이 약해져서 두 형제를 구분하지 못했을 뿐 아니라, 다른 감각도 현저히 저하되어 있었다. 이삭이 변장한 야곱을 만졌으나 에서와 구분할 수 없었다(창 27:22). 그의 후각은 야곱이 입은 에서의 옷에서 나는 냄새에 속았다(창 27:27). 심지어 미각마저 아내가 준비한 음식과 에서가 만든 음식을 분간할 수 없었다(창 27:25). 어쩌면 이 장면은 리브가의 악감정을 시사하는 것일 수도 있다. "이삭, 정말인가요? 당신은 에서의 사냥감으로 만든 별미가 내가 집염소로 만든 별미보다 더 낫다고 생각해요? 내가 보여줄게요…." 사실을 분간할 수 있게 한 것은 이삭의 청각뿐이었다. 자기에게 말하는 사람의 목소리가 야곱의 음성으로 들렸다. 그러나 다른 감각에 근거해 자신의 귀를 믿지 않았다.

물론 야곱도 능숙한 전문가처럼 그 상황에 기민하게 대처했다. 야곱은 "네가 참 내 아들 에서냐" 하고 묻는 아버지의 물음에 "그러하니이다"라며 뻔뻔스럽게 대답함으로써 아버지를 속였다(창 27:24). 뿐만 아니라 어떻게 그토록 속히 돌아올 수 있었냐는 아버지의 물음에 거짓말로 대답하면서 하나님의 이름을 언급하기까지 했다. "아버지의 하나님 여호와께서 나로 순조롭게 만나게 하셨음이니이다"(창 27:20). 이삭은 속임수에 넘어갔고, 야곱은 자기 형이 받을 축복을 가로챘다(창 27:27-29). 이삭은 야곱에게 물질적 풍요와 형제들을 주관하는 권한, 그리고 "너를 저주하는 자는 저주를 받고 너를 축복하는 자는 복을 받기를 원하노라"(창 27:29)는 아브라함에게 주어진 약속까지 모두 빌어주었다.

에서가 돌아와 일어난 일을 알게 되었을 때, 그는 충격을 받았지만 때는 너무 늦었다. 축복은 되돌릴 수 없었다(창 27:36-40). 에서를 위한 두 번째 축복이 전혀 남아 있지 않았다. 그 축복(베라카)은 그가 예전에 멸시한 장자권(베코라)에 대한 것이었다. 분노에 사로잡힌 에서는 아버지가 죽은 후에 야곱을 죽이기로 마음먹는다(창 27:41). 리브가가 이 모든 일에 대해 듣고는, 야곱의 유일한 희망은 목숨을 건지기 위해 달아나는 것뿐이라고 생각한다(창 27:44).

책임을 떠넘김

이 얼마나 추잡한 속임수와 거짓말인가! "누구의 책임인가?"라는 물음에, 야곱에게 우선적인 책임이 있고 어머니 리브가가 그 일을 사주하며 도왔다고 단정하기 쉽다. 그런가 하면, 우리는 야곱이 궁극적으로 이 기사의 주인공임을 알므로, 야곱을 두둔하고 에서가 자초한 일이라고 말할 수도 있다. 결국 에서는 자신의 장자권을 두 차례나 무시했다. 그러나 이 두 가지 접근법은 모두 그릇되다. 모두에게 책임이 있다. 이 사건에서 하나님 외에는 책임을 면할 수 있는 이가 없다. 하나님의 선하신 목적은 사람들의 최악의 행동에도 불구하고 존속된다. 등장인물을 한 사람씩 살펴보자.

리브가

어머니로서 자기가 편애하는 아들이 더 잘되기를 바라는 것은 결코 지혜롭지 못하다. 만일 당신이 그렇게 한다면 큰 낭패를 당할 것이다. 창세기 27장 5-6절은 리브가의 마음속에 그런 동기가 자리 잡고 있었음을 분명히 보여준다. 리브가는 이삭이 에서에게 말하는 것을 듣고(창 27:5) 자신이 좋아하는 아들을 위해 계획을 꾸민다(창 27:6). 이 가족에게는 단합이나 단란함은 없고 경쟁만 있다.

우리는 리브가를 비난하기를, 자기가 편애하는 아들을 위해 남편을 조종하는, 야심찬 유대인 어머니의 전형이라고 단정하기 쉽다. 그러나 리브가의 관점에서 그 상황을 볼 필요도 있다. 리브가는 에서와 야곱이 태어나기 전 하나님께 신탁을 받았다. 큰 자가 어린 자를 섬기리라는 내용의 신탁이었다(창 25:23). 인간적인 관점에서 보면 그 신탁이 좌절될 지경에 이르렀다. 남편이 미련한 어떤 일을 행하거나 리브가가 동의하지 않는 결정을 내리려 한 정도가 아니다. 리브가가 단조로운 무늬를 선호하는데, 이삭이 줄무늬 의자를 선택한 것이 아니다. 분명 이삭은 하나님이 계시하신 뜻을 훼방하려 했다.

하나님은 아브라함에게 주신 약속을 야곱의 계보를 통해 이루려 하셨으나, 이삭은 에서의 계보를 내세우려 했다. 그런 상황에서 믿음이 있는 아내와 어머니라면 어떻게 해야 할까? 가족을 향한 여호와의 장기적인 목적을 위해 리브가가 할 수 있는 행동이면 무엇이든 해야만 할까?

당신도 이런 유혹을 느끼는가? 그것은 사탄이 좋아하는 지름길 중 하나다. 사탄이 당신에게 다가와 제안하기를, 하나님의 약속이 실현되는 데 시간이 너무 오래 걸리는 것 같다고 한다. 혹시 우리의 도움이 조금 필요하지 않을까? 사탄이 당신에게 말한다. "그렇다. 내가 제안하는 계획이 모든 면에서 적법하지는 않지만, 좋은 결과를 만들어낼 수 있다면 그것을 나쁘다고 말할 수 있겠는가?"

사탄은 광야에서 예수님께 다가가 세상 만국과 그 영광을 보여주며 이르기를 "만일 내게 엎드려 경배하면 이 모든 것을 네게 주리라"(마 4:9)고 했다. 사탄은 예수님이 이 땅에 행하러 오신 일을 훨씬 더 간단하게 이룰 수 있는 방법을 제시했다. 세상 만국에 대한 예수님의 즉각적인 통치보다 더 나은 목표가 있었을까? 이것은 고통스러운 십자가를 피할 수 있는 방법 같았다. 그러나 예수님은 사탄의 지름길을 단호히 거부하셨다. 목표가 올바른 것만으로는 충분하지 않다. 우리가 그 목표에 도달하는 방법도 옳아야 한다.

바울이 상기시키듯, 육상선수가 승리의 면류관을 얻기 위해서는 결승선을 먼저 통과해야 할 뿐 아니라 규칙에 따라 경쟁해야 한다(딤후 2:5). 우리의 소명은 하나님께 순종하여 하나님의 때에 하나님의 방식으로 하나님의 약속이 이루어지게 하는 것이다.

우리가 대답해야 하는 핵심질문은 이것이다. 하나님이 우리의 도움 없이 약속을 이루실 수 있을까? 물론 이 물음에 대한 대답은 명백하다. 그러나 하나님이 개입하지 않으실 거라는 두려움에 사로잡힌 나머지 우리가 해서는 안 되는 일을 행하거나, 염려하며 죄악된 모습으로 조바심 내는 경우가 얼마나 많은가? 전에 방황하는 아들 때문에 힘들어하는 한 여성의 이야기를 들은 적이 있다. 그 아들은 부모가 하지 못하게 막으려는 일을 선택하고 있었다. 그 여인은 염려에 시달리고 있음을 솔직히 토로했으나, 이어서 한 말이 내 생각에 매우 심오한 것이었다. "나는 내 자녀들을 하나님 앞에서 살게 해야겠어요." 물론 그녀는 어머니로서 자기 아들의 삶을 위한 훌륭한 계획이 있었다. 그러나 중요한 것은 하나님의 계획이다. 염려하고 초조해하며 우리 자신의 미래를 조종하려고 안간힘을 쓸 때, 우리는 하나님을 철저히 배제하고 있는 것이다. 우리는 하나님이 우리의 배우자와 친구와 자녀는 물론이고 우리 자신에 대해 증언하심을 종종 잊고 있다. 설령 하나님의 시간표가 우리의 것과 전혀 다를지라도, 하나님은 우리의 도움이 필요하지 않으시다. 우리의 책임은 하나님이 정하신 방편을 신실하게 활용하는 것이다. 리브가는 그 문제를 기도로써 하나님께 맡기고 주의하며 여호와의 손길을 기다려야 했다. 하나님께는 불가능한 것이 전혀 없다.

야곱

이 이야기에서 야곱은 냉혹하고 교활한 계략가로 나온다. 야곱이 처음에 계획 진행하기를 주저한 것은 도덕적인 양심의 가책 때문이 아니라 실현 가능성에 대한 의문 때문이었다(창 27:11). 따라서 유혹자는 그를 쉽게 설득할 수 있다. 사탄은 요정처럼 나타나 자기의 마법 지팡이를 흔들어 당신이 선택한 일을 이루게 할 것이라며 약속할 수 있다. 사탄이 당신에게 드러내지 않는 것은, 만일 당신이 그에게 굴복하면 근사하게 위장된 당신의 죄가 한 밤중이 되기 훨씬 전에 그 실체를 드러낼 거라는 사실이다. 당신 죄의 대가가 분명해질 때쯤에는 더 이상 출로가 없다. 야곱은 이런 식으로 축복을 획득한 대가를 향후 여러 해 동안 지불할 것이었다.

타락한 인간성의 가장 두드러지는 측면 중 하나는 우리가 죄를 짓고도 해를 입지 않을 수 있다고 믿는 것이다. 사탄으로 인해 우리는 자신의 죄가 밝혀지지 않을 것임을, 그리고 그것이 밝혀지더라도 해를 입지 않을 것임을 매우 쉽게 확신한다. 그러나 성경은 그런 안도감을 주는 환상을 경고한다. "너희 죄가 반드시 너희를 찾아낼 줄 알라"(민 32:23). 쓰디쓴 경험을 통해 그 말씀이 사실임을 알게 된 사람이 얼마나 많은가! 간음으로 사역을 잃게 되는 설교자의 경우든, 도둑질로 직업을 잃은 지배인의 경우든 혹은 은밀한 죄의 무게로 평안을 잃은 사람의 경우든 모든 죄는 해를 입히고 대가를 지불하게 하며 파멸시킨다. 대개 우리가 생각하는 것보다 더 일찍 죄에 따른 대가를 치르게 되며, 종종 파괴적인 결과를 초래한다. 그러나 우리가 그 실상을 무척이나 더디게 믿는 것은 주목할 만하다. 만일 당신이 죄가 안전한지에 관해 사탄과 토론을 벌이면 당신은 언제나 지고 말 것이다. '만일 내가 붙잡히면 어떻게 하는가?'라는 질문은 사탄을 단념하게 하지 못한다. 설령 우리가 붙들리지 않더라도 죄의 대가는 여전히 실재한다.

그런가 하면 만일 우리 죄가 즉각적인 결과를 가져온다면, 그것은 하나님이 우리를 미워하시는 증거라고 생각하는 것이 우리의 자연적인 성향이다. 그러나 사실은 죄의 고통스러운 결과를 경험하는 것이 우리에게 가장 좋은 일일 수 있다. 우리가 죄를 숨기는 것과 죄가 노출되었을 때 그 사실을 부인하는 것이 훨씬 더 힘들다. 자기 죄의 진실에 직면하면 교만한 마음이 낮아지고 복음의 필요성을 더 절감하게 된다. 감춰진 죄는 우리를 하나님에게서 그리고 서로에게서 멀어지게 한다. 죄를 계속 감추려면 많은 노력이 필요하기 때문이다. 우리는 전반적으로 자신이 큰 죄인이라고 자백하면서도, 삶에서 범한 구체적인 죄에 대해서는 기를 쓰고 부인할 수 있다. 나는 그런 생활양식에 관련한 전문가이므로 그 점을 잘 알고 있다. 그러나 죄가 드러나면 그런 가식이 통하지 않는다. 그럴 경우 우리는 구체적인 죄를 자백할 기회를 얻으며, 복음의 좋은 소식을 통해 도움과 소망을 발견할 새 힘을 얻는다.

자기 죄의 안정성에 재차 확신을 갖게 된 야곱은 충격적인 꾀를 쓴다. 자기 아내에 대해 거짓말했던 아브라함과 이삭에게서 야곱이 배운, 그 가정의 기만 패턴은 이제 전혀 새로운 왜곡의 형태를 띤다. 창세기 3장에서, 하나님은 복음의 예시로서 짐승의 가죽으로 아담과 하와를 입히신다. 하나님의 은혜로, 하나님은 피조된 자들의 죄로 말미암은 수치를 효과적으로 덮을 것을 기꺼이 제공해 주셨다. 반대로 야곱은 짐승의 가죽을 자신의 죄를 덮는 다른 방식으로 사용한다. 그는 거짓 위에 거짓을 쌓으며, 심지어 자기의 거짓말을 뒷받침하기 위해 여호와의 이름을 거론하기까지 한다. 과연 이것이 하나님의 목적을 이루며 하나님의 축복을 보장받는 방법일까? 분명 아니다.

이삭

그다음은 이삭이다. 이 모든 과정에서 이삭의 역할은 무엇일까? 하나님의 분명한 신탁에 비추어 볼 때, 자기가 좋아하는 아들에게 축복을 넘기려고 하면서 그는 무엇을 하고 있었던 것일까? 이삭은 리브가와 똑같았다. 리브가는 자기가 좋아하는 아들을 위해 적어도 하나님의 신탁을 주장할 수 있었다. 이삭에게는 그런 명분이 없었다. 이삭은 자기가 바라고 선호하는 것을 위해 하나님 말씀을 교묘히 회피하려 했다. 그렇지 않았다면 왜 그 예식을 온 집안사람들 앞에서가 아니라 침실에서 몰래 행했을까? 축복을 넘기는 일은 부모 중 한쪽이 다른 쪽의 허를 찌르는 것이 아니라, 온 집안사람들 앞에서 경건하게 거행해야 했다. 이삭은 야곱만큼이나 교활하며 자기중심적이다. 이삭이 에서를 사랑한 것은, 에서가 사냥감으로 맛있는 음식을 요리하여 그의 감각을 즐겁게 해주었기 때문이다. 이삭이 만족시키려 했던 자신의 바로 그 감각에 속는 것으로 끝난 것은 적절한 징벌이었다.

27장에서 묘사하는 내용은 참으로 비극적이다. 노인 이삭은 가족과 불화했고, 가족은 그에게서 최대한 무엇인가를 얻어내는 데 혈안이 되어 있었다. 그러나 그의 모든 죄악 된 동기에도 불구하고 히브리서 11장 20절에서, 이삭은 믿음으로 야곱을 축복한 인물로 칭찬받고 있다.

얼핏 보기에 그것은 이상한 칭찬처럼 보인다. 이삭이 하나님의 계시된 뜻을 거스르려 하고, 자기의 의도와 다르게 야곱을 축복한 것이 무슨 믿음인가? 이에 대한 대답인즉, 비록 이삭의 믿음이 방향은 틀렸으나 그 마음은 견고했다는 것이다. 비록 이삭이 축복하려 한 대상에 있어서는 잘못을 범했지만, 전해야 하는 축복이 있다고 믿은 것은 참으로 옳았다. 이삭은 하나님을 믿었고, 아브라함에게 주신 약속이 언젠가는 후손들의 삶에서 결실을 맺을 것이라 믿었다. 그가 축복을 넘겨주려 한 것도 바로 그런 의미에서였다.

이삭의 믿음은 결코 작지 않았다. 이삭의 생애 중에 그 목표의 진전이 얼마나 더뎠는지를 고려하면 특히 그러하다. 아브라함이 죽은 후 여러 해가 지났고, 인간적인 눈으로 볼 때는 자기 아버지가 그랬듯 그 축복과는 거리가 멀다는 생각이 들었을 것이다. 수많은 후손에 대한 약속에 비추어 볼 때, 두 자녀는 그리 진전을 보인 것이 아니다. 더욱이 둘 중 하나는 그 약속에 관심조차 보이지 않았다. 이삭이 거하는 땅은 여전히 블레셋 사람들의 수중에 있었다. 비록 가시적인 전망은 공허했지만, 이삭은 자신의 영적인 눈을 장차 얻을 도성에 단단히 고정시켰다. 이삭은 그 축복을 믿었다.

그뿐 아니라 이삭은 일단 자기의 실수가 드러나면 그것을 인정할 줄 아는 믿음의 사람이었다. 야곱이 떠나고 에서가 돌아와 그 속임수가 분명해졌을 때, 이삭은 격렬히 몸을 떨었다(창 27:33). 그는 하나님의 주권적 개입으로 자기의 그릇된 의도가 드러나고 좌절되었음을 인식했다. 그래서 에서가 추가적인 축복을 구했을 때 이삭은 아무런 축복도 하지 않았다. 그는 하나님을 또다시 거스르려 하지 않았다. 이삭이 에서에게 유일하게 약속할 수 있었던 것은 "네 주소는 땅의 기름짐에서 멀고 내리는 하늘 이슬에서 멀 것이며 너는 칼을 믿고 생활하겠고 네 아우를 섬길 것이며 네가 매임을 벗을 때에는 그 멍에를 네 목에서 떨쳐버리리라"(창 27:39-40)는 것이었다.

이것은 야곱에게 주어진 모든 약속이 배제된 것이다(참조, 창 27:28-29). 야곱은 이 땅에서 가장 풍성한 복과 다른 나라에 대한 주권을 얻으며, 다른 민족에게 복의 근원이 될 거라는 약속을 받았으나, 에서는 형통이나 주권이나 축복을 얻지 못할 것이다. 더욱이 야곱을 통해 얻을 수 있는 축복마저 그는 물리칠 것이다. 하나님의 택하심을 받은 자로서의 짐을 내던지는 것은 축복의 길을 버리고 저주의 길을 택함을 뜻한다. 하나님이 야곱을 택하셨음을 이삭이 나중에서야 인정했지만, 그의 돌이킴은 신실했다. 따라서 야곱이 떠날 때 아버지의 축복을 재차 받는데, 이번에는 진심이 담긴 축복이었다(창 28:1-4).

에서

우리는 에서를 안쓰럽게 여기기 쉽다. 그는 자신의 권리였던 축복을 속임수로 빼앗긴 사람이 아닌가? 그러나 어떤 면에서 그의 처지는 전에 야곱과 맺은 거래의 논리적 결과일 뿐이다. 그는 팥죽 한 그릇에 장자권을 팔기로 맹세했다(창 25:29-34). 스스로 속임수에 동참한 결과를 돌이키려 했다는 점에서, 그는 팥죽 한 그릇에 장자권을 빼앗길 만도 하다. 에서는 이 결과로 울었지만, 장자권과 영적 유익을 위한 축복을 잃은 것에 대해 안타깝게 생각했음을 보여주는 증거는 없다. 그의 생애 전반에 걸쳐 하나님을 구하며 세상에 속하지 않으려 했음을 알려주는 표시는 보이지 않는다. 철저히 그리고 줄곧 영적 감성을 결여했다는 사실은 아내 선택에서도 분명히 드러난다. 에서는 헷 족속인 두 여자와 결혼했으며(창 26:34), 부모가 그 선택을 달가워하지 않음을 알고서 이스마엘의 딸과 결혼하는 실책을 더했다(창 28:9).

에서처럼 자기가 예전에 범한 실책을 한탄하는 사람이 얼마나 많은가! 그들은 허비한 세월과 놓쳐버린 기회를 한탄하지만, 눈물만으로는 충분하지 않다. 마음의 진정한 변화가 있어야 한다. 에서는 아직 자신을 위한 축복을 찾을 수 있었다. 그것은 그의 간청 대상이던 이삭을 통해서가 아니라 야곱을 통해 찾을 수 있었다. 야곱의 후손으로 오실 분을 믿음으로 바라봄으로써 얻을 축복이었다. "너를 축복하는 자에게는 내가 복을 내리고"는 하나님이 아브라함과 그의 후손에게 주신 영속적인 약속이다(창 12:3; 27:29). 따라서 에서는 자존심을 버리고 눈물로 야곱에게 나아가 용서를 구하며, 야곱을 통해 오게 될 약속된 후손을 인정하고 그 축복에 동참해야 했다.

에서가 그렇게 했을까? 하지 않은 것 같다. 에서의 마음은 유순해지기는커녕 야곱에 대한 분노가 쌓여 갔다. 에서는 야곱을 죽일 계획을 세운다(창 27:41). 에서의 반응이 극단적이기는 하지만, 기본적으로 그런 마음이 드는 것은 드문 일이 아니다. 많은 사람이 자신의 삶이 그릇된 기초 위에 세워졌음을 나중에서야 깨닫는다. 도

중에 잘못된 사닥다리를 오르느라 자기 삶을 허비했음을 발견한다. 그러나 자기 삶에 의미와 소망을 주실 유일한 분, 곧 야곱의 후손으로 오신 예수님에게로는 나아가려 하지 않는다. 도리어 분노와 쓰디쓴 마음을 품는다. 에서는 자신의 어리석음과 자기에게 일어난 일을 한탄했으나, 우리가 아는 바에 따르면 자신의 장자권을 멸시한 죄를 결코 회개하지 않았다. 에서는 세상을 얻기 위해서가 아니라 팥죽 한 그릇을 얻기 위해 자기의 영혼을 마귀에게 팔았다. 에서는 자기 행동에 따른 결과를 좋아하지 않았지만, 여전히 자기의 죄에서 겸손히 돌이키거나, 자기신뢰를 모조리 깨뜨려버리거나, 소망과 신뢰를 하나님께 두지 않았다.

죄의 결과

우리 자신을 돌아보면 모두 에서와 같다. 우리는 죄악 된 욕구에 자신을 내줌으로써 매일 우리의 장자권을 팔아넘기며, 죄가 드러날 때 상한 자존심과 좌절된 꿈으로 인해 울지만 죄를 미워해서 우는 건 아니다. 만일 하나님이 성령을 통해 우리 마음을 줄곧 부드럽게 하지 않으시면, 우리는 모두 교만과 쓰디씀과 분노로 마무리할 것이다. 창세기 27장에는 영웅이 전혀 없으며, 우리도 모두 영웅이 아니다. 모든 사람은 그 중심이 그릇되다. 자신을 추구하고, 자신을 신뢰하며, 자신을 섬기고, 다른 사람을 이용하고, 자기 목적을 위해 하나님을 이용하려 한다. 그러나 하나님의 목적은 여전히 존속된다. 사람들은 악을 도모하지만, 하나님은 그러한 도모마저 선을 이루기 위해 사용하실 것이다. 사람들의 철저한 계획은 목표를 이루고자 하시는 하나님의 뜻에 따라 실현되기도 하고 좌절되기도 한다.

우리 죄의 결과는 실제적이며 파괴적일 수 있다. 본문의 분명한 메시지는 죄가 유익을 가져다주지 않는다는 것이다. 죄가 당신이 원하는 것을 얻게 할 때도 마찬가지다. 이것은 우리 모두가 유념할 교훈이다. 사탄은 자기의 제안이 참으로 매력적인 것처럼 보이게 할 수 있기 때문이다. 이 이야기에 나오는 인물들의 죄는 그들의 여생 동안 그들을 따라다니며 괴롭힌다.

특히 리브가와 야곱은 그들의 승리가 달콤쌉쌀함을 경험한다. 리브가의 계획으로 자기가 좋아하는 아들이 축복을 받았지만, 동시에 그것은 평생 그 아들이 집을 떠나야 하는 결과를 초래했다. 야곱이 장막 주변을 맴돌던 시절은 끝났다. 우리가 아는 한, 야곱이 강제로 가족을 떠난 후 리브가는 야곱을 결코 다시 보지 못했다. 더욱이 야곱은 물질적인 모든 복을 누릴 거라는 아버지의 축복을 받았지만, 이내 그는 자신이 입은 옷과 의지하는 지팡이 외에는 아무것도 갖지 못한 채 길을 가는 자신을 발견한다. 야곱에 대한 이삭의 축복이 실현되기까지는 길고 힘든 여정이 가로놓여 있었다. 야곱은 자신의 부패성과 그 결과를 신학서적이 아니라 자신의 경험이라는 쓰디쓴 열매에서 배워야 했다.

은혜의 승리

그럼에도 불구하고 이 이야기에는 더 많은 것이 있다. 거듭되는 죄악과 그 죄가 가져다주는 쓰디쓴 열매에도 불구하고, 자기 백성을 축복하시는 하나님의 목적은 영원히 존속된다. 그들의 죄에도 불구하고 심지어 그들의 죄를 통해, 하나님은 계획하신 바를 여전히 이루실 것이다. 하나님은 완벽한 혈통을 통해서가 아니라 긴 죄인 계보를 통해 약속된 구세주를 보내실 것이다.

이 구세주도 남의 옷을 입으실 것이다. 그러나 예수님의 경우, 생애 절정의 순간에 입으신 옷은 훔친 에서의 멋진 옷이 아니라 로마 병사들이 입힌 자주색 관복과 아리마대 요셉에 의해 입게 된 수의였다. 더욱이 예수님이 그 길을 택하신 것은 자신을 위해 다른 사람의 축복을 기만적으로 가로채기 위함이 아니라, 우리의 저주를 대신 떠맡기 위함이었다. 가장 놀라운 반전은, 리브가가 급히 자기 아들에게 했던 말을 우리를 향해 은혜롭게 말씀하신다는 것이다. "너의 저주는 내게로 돌리리니"(창 27:13).

그 말을 생각해 보라. 리브가는 자기 말이 실현될지 전혀 생각하지 않고 무심결에 말했으나, 예수님은 자기가 말하는 것의 깊이를 충분히 아셨음에도 말씀하셨다. 예수님은 그의 축복을 우리가 물려받을 수 있도록 우리의 저주를 대신 당하셨다. 리브가가 자기의 기만으로 당하게 된 저주, 야곱의 속임수에 합당한 저주, 그리고 우리가 많은 죄로 인해 매일 자초하는 저주가 예수님에게 돌려졌으며, 그리하여 예수님의 것인 아버지의 복이 무자격자인 우리에게 주어질 수 있었다. 우리가 받아 마땅한 저주스러운 죽음의 수의를 예수님이 입으셨고, 그 결과 우리는 그분의 옷을 합법적으로 입고서 아버지의 은총이라는 햇빛을 받을 수 있다.

결국 우리가 죄를 거부하며 배격해야 하는 것도 바로 그 때문이다. 우리가 유혹자에게 등을 돌려야 하는 것은 죄의 삯이 지불되지 않기 때문만이 아니다. 그보다 훨씬 더 큰 이유는 우리의 죄로 인해 지불된 대가가 너무도 엄청나다는 것이다. 이것이 바로 우리가 죄를 거부해야 하는 이유다. 우리가 하루 종일 반복해서 죄를 지을 때마다, 그리고 우리의 부패성이 새로 드러날 때마다, 우리는 다시금 십자가로 달려가 새로 용서와 정결함을 구해야 한다. 누구의 책임인지 물을 것이 아니라, 우리 자신이 마땅히 져야 하는 책임을 대신 지신 분을 의지해야 한다. 그렇게 할 때 그분 안에서 정죄로부터의 자유와 영원토록 하나님과 함께하는 평강의 복을 발견할 것이다.

생각해 볼 문제
FOR FURTHER REFLECTION

1 우리가 범사에 책임 물을 누군가를 항상 열심히 찾는 이유는 무엇일까?

2 우리는 하나님의 목적을 이루기 위해 그분의 법을 깨뜨리려는 유혹을 어떤 식으로 받을 수 있을까?

3 죄는 우리를 어떻게 해치는가?

4 어떤 식으로 은혜가 우리의 죄마저 취하여 그것을 하나님의 영광과 우리의 유익을 위해 사용하는가?

Chapter 03 누구의 잘못인가

Chapter

04

야곱이 그를 지으신 분을 만나다

_ 창세기 28장

미국의 위대한 대통령이자 유능한 정치가의 명언이 있다. "당신이 국민 중 일부를 줄곧 속일 수 있고, 모든 국민을 얼마 동안 속일 수 있지만, 모든 국민을 줄곧 속일 수는 없다"는 말이다. 야곱은 고통스러운 경험을 통해 그 교훈을 배웠다. 야곱은 에서와 이삭을 속여 장자권을 훔칠 수 있었다. 신성한 권리를 통해 자신의 것이 될 것을 인간의 노력으로 가로챘다. 그러나 그 속임수의 결과로 그의 삶은 위험에 처했다. 집에서 달아나야 했고, 자기 죄에 따른 대가를 받아야 했다.

어머니 리브가가 야곱이 떠나는 진짜 이유를 이삭에게 알려주지도 않은 것은 서글프게도 그 가정의 가족관계의 전형이다. 리브가는 솔직하게 말하지 않고, 헷 여자들과의 결혼을 지적하면서 이삭에게 말했다. "내가 헷 사람의 딸들로 말미암아 내 삶이 싫어졌거늘 야곱이 만일 이 땅의 딸들 곧 그들과 같은 헷 사람의 딸들 중에서 아내를 맞이하면 내 삶이 내게 무슨 재미가 있으리이까"(창 27:46). 리브가가 자신이 혐오스러워하는 이유로 제시한 것마저 실용적이었다. 그것은 야곱이 약속의 가문 안에서 결혼해야 한다는 영적 필요성보다는 헷 여자들이 며느리로 적합하지 않다는 사실에 근거한 실용적인 것이었다. 있는 그대로의 명백한 진리를 일관되게 배제하는 가족이었다.

부모의 죄

이것은 부모의 죄가 거듭하여 자녀에게 옮겨지는 전형적인 경우에 해당한다. 먼저 아브라함이 사라를 아내가 아니라 누이라고 속임으로써 기만 패턴을 시작했다(창 12:13; 20:2). 그러한 행동 패턴을 이삭과 리브가가 직접적으로 모방했을 뿐 아니라(창 26:7), 그들의 삶에 있어 기만이 일상화되기까지 했다. 야곱은 음모를 꾸미고 속이는 부모 아래서 자랐으며, 이삭은 에서를 리브가는 야곱을 편애했다. 야곱이 자라면서 기만하며 속이는 법을 익힌 것은 놀라운 일이 아니다. 그런 것을 배우지 않기가 더 어려웠을 것이다. 야곱이 하나님의 프로그램 안에서 자신의 자리를 찾기까지는 긴 광야의 세월이 걸렸으며, 심지어 그때도 과거의 상흔이 결코 사라지지 않았을 것이다.

그 사실은 우리가 매일 자녀에게 무슨 죄를 전해 주고 있는지를 생각하게 한다. 우리는 자신의 결함에 매우 둔감하여, 우리 자녀의 삶에서 확장된 형태로 재현되기 전까지는 그것을 자각하지 못한다. 우리 후손에게 넘겨주게 될, 우리가 소중히 여기는 죄와 그릇된 인간관계 방식은 무엇인가? 그들은 우리에게서 무엇을 배울까? 다른 사람의 눈에 죄를 숨기기만 하면 풍성한 삶을 살 수 있음을 배울까, 아니면 부단히 죄를 회개하며 거기서 돌이키는 법을 배울까? 당신은 자신의 죄가 훤히 드러날 때, 자녀들에게 경건과 거룩함과 신속하며 진심어린 회개의 본을 보이고 있는가? 아니면 단지 능숙한 죄인으로서 살아가는 법을 보여주는 모델이 되는가? 당신 주변에는 당신이 그릇된 길로 향할 때 자유롭게 당신을 제지할 수 있는 이들이 있는가? 아니면 당신은 방어적이며 비판 받아들이기를 싫어하는가?

이삭의 축복

이제 야곱은 스스로 세상을 헤쳐 나가야 한다. 경건한 아내를 혹은 적어도 어머니가 싫어하지 않을 아내를 찾아 약속의 땅을 떠났다. 그것은 예전에 아브라함의 종이 주인의 아들인 이삭의 아내를 찾기 위해 갔던 길이다. 그러나 야곱은 그 종에게 주어진 편의를 전혀 갖추지 못한 채 긴 여정에 올랐다. 홀로 걸어서 갔으며, 장래의 신부에게 줄 선물이나 약속할 재산도 없었다. 인간적인 관점에서 보면, 신부를 데리고 돌아오기는커녕 라반의 집에 안전하게 도착할 것 같지도 않았다. 그것은 아브라함의 종이 갔던 것보다 훨씬 더 힘든 길이었다. 그러나 최소한 야곱이 길을 나설 때는 이삭의 축복이 그의 귀를 울리고 있었다.

전능하신 하나님이 네게 복을 주시어 네가 생육하고 번성하게 하여 네가 여러 족속을 이루게 하시고 아브라함에게 허락하신 복을 네게 주시되 너와 너와 함께 네 자손에게도 주사 하나님이 아브라함에게 주신 땅 곧 네가 거류하는 땅을 네가 차지하게 하시기를 원하노라 _창 28:3-4

이것은 다름 아닌 아브라함에게 먼저 주어진 축복이며, 이제 적법하게 야곱에게 주어지고 있다(창 28:4). 처음 축복처럼 이것은 야곱에게 자손 번성을 약속하는 축복이다(창 28:3). 그러나 단지 많은 수효의 자손에 대한 약속 그 이상이다.

그것은 그의 후손의 구체적인 특성도 언급한다. 야곱의 자녀는 단지 그 수효가 많은 것이 아닐 것이다. 그들은 '공동체'(카할)가 될 것이다. 히브리어 '카할'은 헬라어 구약성경에서 '에클레시아'로 가장 많이 번역된다. 에클레시아는 신약성경에서 '교회'를 가리키는 단어다. 이삭의 축복을 통해 야곱에게 하나님이 약속하신 것은 하나님의 이스라엘의 시작에 다름 아니다. 형제들이 연합하여 거하는 공동체다. 더욱이 수많은 후손에 대한 약속과 더불어 그 연합한 후손들이 함께 약속의 땅을 유업으로 받을 거라는 약속도 주어졌다(창 28:4). 이제 야곱은 가나안 땅을 떠나야 하지만, 그 땅은 자신과 자기 자손의 소유라는 사실을 잊지 말아야 했다. 에서는 야곱이 영적으로 적합한 아내를 찾아 떠났다는 말을 들었을 때, 그 땅에 허다했던 이교도 가문과 혼인한 자신의 죄를 깨닫는 것 같았다. 그러나 그럼에도 그 상황을 바로잡을 방법을 몰랐던 것 같다. 사실 에서는 헷 족속 아내들을 둔 데다, 이스마엘의 딸과 결혼함으로써 죄를 더했다. 이는 하나님 없는 자의 사고방식을 생생하게 보여주는 것이 아닌가? 그런 사람은 심지어 도덕적이며 올바른 일을 하려 할 때도 자신의 죄를 더한다. 이는 하나님의 성품이나 자신의 타락의 깊이를 알지 못하기 때문이다. 바울이 로마서 1장에서 지적하듯, 그들의 생각이 어두워져 하나님의 진리를 인식하지 못한다. 그들은 영적 실재를 보지 못한다. 이 눈먼 상태는 하나님만이 제거할 수 있다.

벧엘에서의 야곱

한편 야곱이 있는 곳에 해가 지고 있었다. 야곱은 하룻밤 보낼 곳을 찾았다(창 28:11). 해가 지는 것은 이 이야기에서 부차적인 내용이 아니다. 이것은 야곱의 상황을 생생하게 묘사한다. 그에게 밤이 엄습했다. 이야기의 관점에서 볼 때, 창세기 32장까지는 그에게 해가 떠오르지 않을 것이다. 타향살이에서 돌아올 때 그는 하나님과 또 다른 극적인 만남이 있을 것이고, 이번에는 해가 얍복강 여울목에 떠오를 것이다. 그때까지는 약속의 땅에서 쫓겨나 길고도 캄캄한 타국살이의 밤을 견뎌야 할 것이다.

그러나 그가 약속의 땅을 떠나 있던 시기의 처음과 끝에 경험한 하나님과의 두 차례 만남은, 그 사이의 긴 밤 동안에도 하나님이 줄곧 은혜롭게 그와 함께하셨음을 보여준다. 후에 밝혀졌듯 그가 하룻밤을 보내려고 택한 곳은 평범한 장소가 아니었다. 그곳은 바로

'하나님의 집'을 뜻하는 '벧엘'이었다. 그곳 벧엘에서 하나님은 야곱의 꿈에서 친히 자신을 계시하셨다. 땅에서부터 하늘까지 사닥다리가 놓이고 하나님의 천사들이 그 위를(하나님과 사람 사이를) 오르내렸다(창 28:12).

벧엘과 바벨

이 환상의 배경은 바벨탑 이야기다. 그 탑은 계단 형태의 피라미드 신전인 지구라트였으며, 본질적으로 하늘과 연결하는 돌계단 비슷한 것으로 이해된다(창 11:4). 바벨은 바빌론을 가리키는 히브리어 명칭이며, '하나님의 문'을 뜻하는 아카드어 '밥-일루'에서 유래했다. 그것을 건축한 자들은 벽돌과 역청을 이용해 자신들의 방식으로 하늘에 도달할 수 있으며, 그래서 자신들의 의의와("우리 이름을 내고") 안전을("온 지면에 흩어짐을 면하자") 확보할 수 있다고 생각했다(창 11:4). 그들이 원했던 것이 하나님을 만나는 것이 아니라, 하나님이 주셔야 할 복과 관련이 있다는 사실이 놀랍다. 그러나 하나님이 내려오셔서 그들을 심판하심에 따라, 그들의 거만한 계획은 재앙과 혼란으로 끝났다.

바벨 건축자들과는 전혀 반대로, 야곱이 하나님을 만난 것은 그가 추구하거나 예상한 만남이 아니었고, 그에게 합당한 자격이 있어서도 아니었다. 야곱은 하나님을 찾지 않았고, 그의 삶에는 하나님의 은총을 받을 만한 것이 전혀 없었다. 오히려 정반대로 야곱은 거짓말쟁이였고 기만자였다. 야곱이 찾은 것은 여행을 멈추고 머리를 두고 쉴 곳이 전부였다. 그런데 벧엘에서 야곱은 훨씬 더 큰 어떤 것을 발견한다. 바벨 건축자들이 헛되이 구하던 것이 자격 없는 야곱에게 은혜롭게 주어졌다(창 28:15). 안전(창 28:15)과 의의(창 28:14)에 대한 약속이다. 더욱 의미심장한 것은 야곱이 하나님을 직접 만났다는 사실이다. 하나님이 그에게 나타나 말씀하셨다.

> 나는 여호와니 너의 조부 아브라함의 하나님이요 이삭의 하나님이라 네가 누워 있는 땅을 내가 너와 네 자손에게 주리니 네 자손이 땅의 티끌 같이 되어 네가 서쪽과 동쪽과 북쪽과 남쪽으로 퍼져나갈지며 땅의 모든 족속이 너와 네 자손으로 말미암아 복을 받으리라 내가 너와 함께 있어 네가 어디로 가든지 너를 지키며 너를 이끌어 이 땅으로 돌아오게 할지라 내가 네게 허락한 것을 다 이루기까지 너를 떠나지 아니하리라 _창 28:13-15

하나님이 야곱에게 약속하신 것은 아브라함과 맺은 언약과 다름 없으며, 그것 자체가 바벨에서의 실책에 대한 하나님의 응답이었다. 아브라함의 이름과 민족을 위한 축복을 약속하는 창세기 12장이, 그 축복을 얻으려는 인간 노력의 실패를 기록한 창세기 11장에 곧바로 이어지는 것은 우연이 아니다. 이삭이 얻고자 한 아브라함과 관련된 축복을 여호와께서 야곱에게 확고히 약속하셨다. 공교롭게도 이 일은 야곱이 모든 것을 잃은 것 같은, 그의 모든 계획이 확실히 실패로 판명된 순간에 있었다. 야곱은 인간적으로 말하자면, 그 약속을 물려받을 가망이 전혀 없는 처지로 달아나고 있었다. 그러나 이런 아이러니는 꼭 필요하다. 하나님이 가장 낮아진 형편의 야곱을 찾아가신 것은 모든 것이 은혜(자격이 없는 자에게 주어진 은총)이며, 인간의 노력이나 기교로 인함이 전혀 아님을 분명히 보여주기 위함이다. 사실 하늘까지 닿은 그 사닥다리를 야곱의 사닥다리라 지칭하는 것은 이중의 잘못이다. 야곱은 그것을 만들거나 오르내리는 데 있어 아무런 역할도 하지 않았기 때문이다. 그것은 하나님의 사닥다리였다. 하나님의 택하심을 받았으나 반역적이던 그의 자녀를, 하나님이 지속적인 사랑으로 돌보신다는 사실을 다시 확언해 주신 주권적인 방편이었다.

끈질긴 은혜에 붙들린 삶

바벨에 대한 하나님의 해결책

당신은 야곱의 경험을 자신에게 적용할 수 있을 것이다. 당신도 그릇된 곳에서 안전과 삶의 의의를 추구해 왔다. 당신은 자신의 삶이 의미 있기를 바라며 자신에게 이렇게 말했다. '만일 내가 좋은 학위를 얻고, 더할 나위 없는 아내와 결혼하고, 더할 나위 없는 자녀를 두었다면 … 내 삶이 근사할 것이다. 만일 내 계좌에 돈이 충분히 들어 있고, 내 외모가 매력적이며, 좋은 직업과 인간관계가 있다면 나는 안전함을 느낄 것이다.' 아마도 당신은 그런 것을 하나님께 구했을 것이며, 그것을 얻기 위해 가능한 방법과 노력을 다 동원했을 것이다. 그러나 사실상 당신은 하나님을 찾고 있지 않았다. 당신은 축복을 원했고, 그것을 위한 대가를 기꺼이 지불하려 했으며, 심지어 필요하다면 속임수마저 쓰려 했다.

그런데 그때 당신의 세계가 무너져 내렸다. 하나님이 그분의 빛을 당신에게 계시하기 위해 당신으로 하여금 암담한 시간을 보내게 하셨다. 당신에게는 하나님의 관심을 끌 만한 선한 것이 전혀 없음에도, 당신이 하나님을 찾지 않을 때 하나님이 당신을 찾아오셨다. 당신이 가장 낮은 처지에 놓였을 때, 하나님이 당신의 눈을 열어 당신의 2미터 높이의 사닥다리로는 하늘에 닿을 수 없음을 보여주셨고, 당신이 결코 할 수 없던 일을 행하시며 당신에게 친히 내려오심으로써, 하나님이 은혜로 자신을 계시하셨다. 어쩌면 당신은 지금 벧엘에서 하나님의 은혜에 놀랄 순간을 기다리고 있을 것이다.

그러나 야곱의 경험은 우리의 경험보다 훨씬 더 심오했다. 하나님이 벧엘에서 하신 일은 바벨탑에서 인류에게 내리신 심판(창 11장)을 뒤집는 것이었다. 진정한 하늘 문을 계시하는 것은 바벨이 아니라 벧엘이다(창 28:17). 인간 스스로, 여럿이서 완벽한 조화를 이루어 합력하더라도 결코 행할 수 없는 일을, 철저히 분열되고 부서진 가정에서 자란 자격 없는 야곱의 삶에서 하나님이 행하기 시작하실 것이다. 바벨 이후 비극적으로 분열된 세상에 대한 해결책으로, 하나님은 이스라엘의 선조인 야곱을 통해 공동체를 세우실 것이다.

이 약속의 성취는 참 이스라엘인 예수님이 오시기 전까지 이루어지지 않았다. 요한복음 1장 51절에서 예수님이 나다나엘에게 말씀하실 때, 하늘이 열리고 천사들이 인자 위에 오르내리는 것을 나다나엘이 보게 될 거라고 하셨다. 벧엘에서 야곱이 꾼 꿈을 가리켜 말씀하신 것이 분명하다. 예수님 자신이 하늘에 닿은 참 사닥다리요 하나님께 이르는 유일한 길이다. 예수님의 오심은 하나님과 인간 사이의 친교를 회복할 수 있는 유일한 방편이다. 오직 그분 안에서만 참된 안전과 우리 삶의 참된 의의를 발견한다. 야곱 같은, 우리

끈질긴 은혜에 붙들린 삶

같은 기만적인 파렴치한이 은혜를 입어 하나님의 백성이라 불릴 수 있는 것은 오직 그분의 죽으심과 부활을 통해서만 가능하다.

하나님과의 이 새로운 관계는 우리가 다른 사람들과 맺는 관계에도 강력한 영향을 미친다. 우리는 생의 단순한 동료 여행자에서 새로운 공동체의 일부를 형성하는 사람으로 변화된다. 이는 요한복음 17장의 대제사장 기도에서 예수님이 기도하신 내용이다. 예수님과 하나님 아버지가 하나이심같이 그를 따르는 자들도 하나, 곧 하나님의 한 백성으로서 친밀한 영적 연합으로 함께 결속되기를 간구하는 기도였다. 더욱이 예수님 안에서 하나님의 참 이스라엘인 그 공동체의 경계는 물리적인 야곱 후손들보다 훨씬 더 넓게 확장되며, 믿음으로 아브라함의 영적 후손이 되는 모든 자를 포함한다. 그리스도를 믿는 믿음으로, 이방인들도 하나님의 새 백성으로 연합된다.

야곱의 반응

하나님이 야곱에게 자신을 계시하셨을 때 야곱의 반응은 어떠했는가? 먼저 그는 놀랐다. 당신은 이렇게 말할 수도 있다. "하나님이 꿈속에서 그에게 나타나셨으니, 물론 놀랐겠지!" 그러나 창세기의 다른 곳에서 여타의 족장들은 그런 계시를 충분히 예상할 만한 일로 받아들이는 것처럼 보인다. 하나님의 자기계시에 깜짝 놀란 이는 야곱뿐이다. 이는 아마도 자신이 너무 보잘것없어서, 그 계시를 받을 자격이 없다고 생각했기 때문일 것이다. 야곱은 퍼부어진 은혜에 깜짝 놀랐다. 그러나 놀람과 두려움에서 회복된 후 철저한 자기헌신으로 반응했다. 창세기 28장 20절에 실린 야곱의 서원은 창세기 28장 15절에서 그에게 주신 하나님의 약속을 정확히 반영한다. 만일 하나님이 아브라함과 이삭의 하나님이었듯 야곱의 하나님이 되어주신다면, 야곱은 자신을 온전히 하나님께 드릴 것이었다. 만일 여호와께서 야곱과 함께하셔서 그에게 양식과 옷과 기본적인 생활필수품을 제공해 주신다면, 그는 그 하나님을 예배할 것이었다. 그는 여호와의 축복으로 얻은 모든 것의 십일조를 바치겠다고 약속함으로써 이 서원의 이행을 다짐한다.

이제 은혜를 깨달음으로써, 야곱은 바벨 건축자들이 건축 과정에서 간과했던 것을 본다. 으뜸가는 축복은 땅과 후손에 대한, 안전과 삶의 의의에 대한 하나님의 약속이 아니다. 그것은 하나님 자신에 대한 약속이다. 야곱의 첫 반응이 예배인 것도 바로 그 때문이다. 야곱은 자신에게 나타나신 하나님을 영구적으로 상기하기 위해 '마체바'(서 있는 돌)를 세운다. 그 돌은 환상 중에 본 것, 곧 하나님이 세우신 상징물인 사닥다리를 표현한 축소판이었다. 야곱은 자신의 모든 축복이 유래된 그 장소를 상징하기 위해 그 돌 위에 기름을 붓는다. 창세기 35장에서 하나님이 그 모든 약속을 성취하시고 그를 다시 돌아오게 하셨을 때, 야곱은 이곳으로 돌아가 예배드린다.

이는 반드시 명심해야 할 사항이다. 우리가 복음을 이해하는 폭은 하나님이심 그 자체로 인하여(단지 하나님께 받은 복 때문만이 아니라) 하나님을 예배하고자 하는 감동의 폭으로 반영되어야 한다. 예배하려는 깊은 열망이 없는 그리스도인은 마치 자신이 좋아하는 팀의 경기를 한 번도 보러 가지 않는 스포츠팬이나 결코 콘서트에 가기를 원치 않는 음악팬과 같다. 만일 야곱이 하나님을 경험함으로 예배할 마음을 품었다면, 그리스도인인 우리는 훨씬 더 그래야 하지 않겠는가? 왜냐하면 우리는 벧엘이 예표한 하늘 문이신 예수님을 통해 하나님께 나아가기 때문이다. 만일 야곱이 하나님께 이끄는 사닥다리의 바닥에 서 있는 특권으로 예배할 마음이 생겼다면, 그리스도인인 우리는 훨씬 더 그래야 하지 않겠는가? 그리스도 안에서 우리는 하나님의 보좌 앞으로 나아갈 수 있기 때문이다. 우리는 천상의 시온산으로 올라가며, 거기서 하나님 앞에 엎드려 경외의 마음으로 그분이 받으시는 예배를 드린다(히 12:22-29).

그러나 우리의 마음이 냉담하고 무감각하며, 야곱이 베고 누운 돌처럼 단단히 굳어 있는 경우가 얼마나 많은가! 야곱처럼 거룩한 땅에서 잠들어 있고, 전능하신 창조주 앞에서 졸고 있는 경우가 매우 많다. 나 역시 그렇다. 성령을 통해 우리를 흔들어 깨우시고, 그리스도 안에서 계시해 주신 진리의 영광을 우리에게 상기해 주시는 하나님의 도우심이 우리는 절실히 필요하다. 또 우리는 하나님의 풍성한 은혜를 숙고하며 묵상하도록 서로 마음을 일깨우기 위해 최선을 다해야 한다.

야곱처럼 우리도 예수님 안에서 자신을 계시하신 하나님께 응답해야 한다. 야곱의 경우 그러한 자기헌신의 구체적 표현은 자발적인 십일조 서원이었다. 야곱은 시내산에서 모세를 통해 율법이 주어지기 전 사람이므로, 그의 후손과 달리 매년 땅의 소산 중에서 십분의 일을 바치는 규례에 매이지 않았다. 다만 받은 은혜에 감격하여 무엇인가를 하나님께 드리기 원했다. 이는 야곱의 본성이 아니다. 야곱은 본성적으로 야심가였고, 하나님을 생각하지 않고 스스로 무엇인가를 얻으려 애쓰느라 일생을 허비한 사람이었다. 그러나 이제 하나님의 은혜를 배워, 그 은혜로 야심가에서 드리는 자로 바뀌었다.

은혜가 당신의 삶에도 그런 영향을 미쳤는가? 우리는 족장들처럼 매년 십일조를 바치라는 모세 율법의 규례에 매이지 않는다. 그 규례는 이스라엘 시민법의 일부였고, 그들은 그 땅에 사는 한 농산

물의 십분의 일을 여호와께 드려야 했다. 그것은 그 땅의 소유권이 여호와께 있음을 나타내는 표시였다. 사실상 모세의 규례에서 요구하는 십일조는 구체적으로 농작물의 십일조였으므로(참조, 레 27:30; 신 14:22-23), 나 같은 사람이 정확히 지키기는 어려울 것이다. 내가 일 년에 한 차례 약간의 토마토와 딸기를 교회에 가져다놓고 편안한 마음으로 돌아올 수도 있다. 그러나 내가 은혜 아래 있으므로 율법 아래 있을 경우 드려야 하는 것보다 더 적게 드릴 것인가? 전혀 그렇지 않다. 내 마음이 은혜에 감동되면, 십일조를 하라는 누군가의 재촉을 굳이 받을 필요가 없다. 나는 "즐겨 내는 자"(고후 9:7)이기를, 그리고 바울이 말하듯 받은 은혜로 인하여 베푸는 "은혜에도 풍성"(고후 8:7)하기를 원한다.

물론 나는 그 점에 탁월하지 않다. 관대하게 베푸는 자가 되기란 내게 여간 힘든 일이 아니다. 사실 인색하게 주는 일마저 힘들다. 이러한 모습은 내 마음이 하나님을 실제로 어떻게 생각하는지 잘 드러낸다. 내가 가진 모든 것을 단단히 움켜잡고 있다면, 이는 내가 하나님의 은혜의 풍성함을 믿지 않기 때문이다. 나는 스스로 나 자신을 돌보며, 나 자신의 축복을 내가 마련해야 한다고 믿는다. 반면 하나님의 사랑과 믿기 힘든 은혜를 신뢰하는 만큼, 내가 가진 모든 것을 필사적으로 움켜쥔 손을 푸는 법을 배울 것이다.

벧엘로 돌아감

벧엘에서 야곱이 하나님을 경험한 일에 대해 우리가 주목할 것이 하나 더 있다. 야곱이 하나님을 만난 즉시 거룩한 사람으로 변화된 것이 아니다. 앞장에서 보았듯 하나님의 보호 약속이 있었는데도, 야곱은 문제가 생길 것 같을 때마다 자신의 방법으로 벗어날 계책을 꾸미려 했다. 야곱이 성화에 이르는 길은 길고도 점진적이었으며, 궁극적으로 이 세상의 삶에서는 끝나지 않았다.

우리 역시 마찬가지다. 날마다 하나님의 선하심과 약속을 신뢰할지 아니면 습관적인 죄의 패턴으로 돌아갈지 선택에 직면한다. 우리의 경험상 죄가 약속에 대한 믿음을 이길 때가 얼마나 많은가? 분명 그럴 때마다 야곱은 자주 마음속의 벧엘로 돌아가 하나님의 실재하는 은혜를 상기해야 했다. 우리 역시 그리스도의 십자가를 통해 우리에게 계시된 하나님의 은혜를 자신에게 자주 상기시켜야 한다. 우리가 죄를 지었을 때는 특히나 그렇다. 우리는 자신의 순종을 통해, 심지어 그리스도인으로서 순종을 통해 야곱의 사닥다리를 타고 하늘로 올라가는 것이 아님을 기억해야 한다. 하늘로 연결된 사닥다리는 예수 그리스도다. 그분의 완벽하게 거룩한 삶과 우리를 대신한 흠 없는 죽으심이 우리를 은혜의 보좌로 다가가게 한다. 예수님은 지금도 아버지의 우편에서 우리를 부르신다. 이 영적 여정

끈질긴 은혜에 붙들린 삶

에서 우리는 주의 만찬을 통해 매우 귀한 도움을 얻는다. 바울은 "너희가 이 떡을 먹으며 이 잔을 마실 때마다 주의 죽으심을 그가 오실 때까지 전하는 것이니라"(고전 11:26)고 했다. 우리가 선언하는 그리스도의 죽으심은 세상의 죄에 대한 해결책일 뿐 아니라, 우리 자신의 죄에 대한 구체적인 해결책이기도 하다. 우리는 은혜를 상기하려는 갈급함으로 자주 성찬식에 참예하여 하나님의 은혜를 더욱 깊고 값지게 해야 한다.

후에 벧엘은 이스라엘에게 올무가 된다. 아모스 5장 4-5절에서, 벧엘에 세운 성소에 대한 심판이 선언된다. 여호와께서 선지자를 통해 "너희는 나를 찾으라 그리하면 살리라 벧엘을 찾지 말며 길갈로 들어가지 말며 브엘세바로도 나아가지 말라 길갈은 반드시 사로잡히겠고 벧엘은 비참하게 될 것임이라"고 말씀하신다. 문제는 한때 하나님이 그의 백성을 만나셨던 곳이, 살아계신 하나님과의 만남을 대체하는 곳이 되었다는 것이다. 하나님의 집이 우상숭배의 집으로 바뀌었다. 모세가 광야에서 들어 올렸던 놋뱀에 대해서도 유사한 변화가 있었다. 한때 치명적인 뱀 재앙에서 백성을 건지는 구원의 방편이었던 것(민 21:9)이 후에 백성의 우상숭배 대상이 되었다(왕하 18:4).

이는 하나님의 백성의 삶에서 반복되는 문제다. 우리의 예배에서

고금의 전통이 진실을 대체하기는 매우 쉽다. 우리 마음속에 소중히 여기는 우상, 살아계시는 하나님을 만나는 것보다 더 중요한 전통이 무엇인지 분간할 수 있는가? 과거에 하나님이 그의 백성을 만나셨으나 더 이상 그 만남이 없는 장소는 우리에게 있어 무엇인가? 어쩌면 종교개혁이 성경보다 더 중요해지거나, 칼빈이라면 어떻게 할 것인가 하는 물음이 성경의 가르침보다 더 흥미로울지도 모른다. 교리문답과 신앙고백도 위대한 축복이지만, 몇몇 교회에서는 그것이 정통성에 대한 주요 판단기준으로서 거의 성경을 대체하기까지 할 수도 있다. 그런가 하면 어떤 이들은 특정한 예배 형태나 특정한 찬양 스타일(옛것이든 새것이든)에 과도하게 이끌려, 그것 없이는 하나님을 예배할 수 없다고 느낀다. 이러한 문제점을 생각할 때, 우리는 쉽게 다른 사람의 죄를 지적하며 정죄하지만, 과연 우리 자신의 우상숭배에 대해서는 분명하게 분별하고 있는가? 우리의 축복을 위해 제공된 좋은 것이 우리에게 올무가 되기가 얼마나 쉬운가!

아브라함이 믿음의 사람의 전형이라면, 분명 야곱은 은혜의 사람의 전형이다. 계략가의 근사한 계략은 실패로 끝났고, 이제 야곱은 목숨을 구하기 위해 달아나는 도망자로 광야의 어둠 속에서 궁지에 몰렸다. 그러나 하나님은 이 사람에게 자신을 계시하고자 하시며, 그의 은혜는 야곱의 삶에서 효력을 발휘할 것이다. 야곱이 스스로 쟁취하려 했던 약속된 축복이 결국 그에게 주어질 것이다. 그러나 그것은 힘이나 능력 혹은 영리함을 통해서가 아니라 하나님의 영으로 말미암아 임할 것이다.

궁극적으로 우리에게와 마찬가지로 야곱에게도 은혜는 하나님의 아들이신 예수님의 죽음을 통해 임한다. 예수님은 하나님과 인류의 교류를 회복하기 위해 오셨다. 그는 길이요 진리요 생명이고, 하늘로 이끄는 참된 사닥다리다. 우리가 하나님께 가려면 예수님을 통해서 가야 한다. 우리는 안전과 삶의 의의를, 우리 자신과 다른 사람을 위한 축복을 그분 안에서만 찾아야 한다. 사실 그분 안에서 우리는 모든 영적인 복을 얻는다(엡 1장). 이 축복은 야곱이 시도했듯 우리 자신의 재주로 노력하여 얻을 수 있는 것이 아니다. 이것은 바벨 건축자들이 시도했듯 우리 힘으로 단결하여 얻을 수 있는 것이 아니다. 이 축복은 하나님이 택하시고 부르신, 하나님이 그분과의 관계 속으로 이끄신 모든 이에게 거저 주어진 것이다. 우리 같은 사람을 받아주신 그 놀라운 은혜로 인하여 하나님을 찬양하자!

생각해 볼 문제
FOR FURTHER REFLECTION

1 당신의 가족에게서 배운 죄는 무엇인가? 어떻게 하면 우리 자녀들이 따를 수 있는 좋은 본보기를 보일 수 있을까?

2 바벨에 대한 하나님의 해결책은 무엇인가?

3 하나님께 돌이킴과 관련해 바벨에 대한 하나님의 해결책이 우리에게 제시하는 길은 무엇인가? 그것은 우리의 세상에 직면한 실제적인 문제를 어떻게 해결해 주는가?

4 우리는 바벨에 대해 어떤 반응을 보여야 하는가?

5 벧엘의 향후 역사는 우리에게 어떤 위험을 알려주는가? 그런 위험이 당신의 교회와 마음속에 어떤 식으로 자리 잡을 수 있는가?

Chapter 05

광야의 세월
_창세기 29:1-30

위대한 지도자들은 종종 위대해지기 전에 자신의 은사를 사용하지 않거나 그것을 사용할 수 없는 상태로 오랜 세월을 보낸다. 윈스턴 처칠이 전형적인 예다. 젊은 시절에 남아프리카공화국의 보어전쟁 동안, 그는 무장된 열차를 공격하는 보어인의 습격을 저지하는 데 핵심역할을 함으로써 영국에서 유명해졌다. 그는 체포되었으나 극적으로 탈출했고, 고향으로 돌아온 후 제1차 세계대전 초기에 저명한 정치인이 되었다. 그러나 그 후에 인기를 잃었다. 그는 믿을 수 없는 판단을 내리는 돌출 행동가로 간주되었으며, 제1차와 제2차 세계대전 사이 대부분의 시기를 권력의 가장자리에 있었다. 그를 책임 있는 핵심지도자로 신뢰하는 사람은 아무도 없었다.

처칠이 영향력의 중심권으로 돌아온 것은, 나치 독일의 위험에 대한 그의 예언적 경고가 제2차 세계대전의 발발로 그 정확성이 입증된 후였다. 전쟁이 발발하던 날, 그는 해군을 총괄하는 제1해군사령관으로 임명되었다. 1년 안에 프랑스가 독일에게 함락되었을 때 그는 네빌 체임벌린을 대신하여 수상이 되었다. 그 시점에 모든 정파의 지지를 이끌어낼 수 있는 유일한 인물이 처칠임을 모두 인정했다. 나머지 기간은 그야말로 위인전기다. 처칠은 자신과 영국의 가장 멋진 시기를 구가하는 무대의 중심에 있었다.

위대해지기 위한 훈련

위대해지기 위한 훈련의 유사 패턴이 성경에 흔히 나온다. 하나님 백성의 리더가 되기 전 흔히 세상의 이목과는 거리가 먼 광야에서 오랜 준비 기간이 있다. 이 공통적인 패턴은 75세에 소명을 받은 아브라함, 하나님의 양떼를 이끌기 전에 장인의 양떼를 쳤던 모세, 그리고 하나님이 약속하신 왕좌에 오르기 전 추방된 자로서 여러 해 동안 피신생활을 했던 다윗에게서도 나타난다. 하나님은 이들을 겸비의 골짜기를 지나 영광에 이르게 하셨다.

반면 하나님의 프로그램에서 덜 중요한 인물에게는 준비도 덜 요구된다. 창세기에 나오는 족장 중에 가장 부각되지 않는 이삭이 비교적 순탄한 삶을 산 것도 이 때문이 아닐까? 그도 장남이 아니었으나, 그의 경우에는 장자권 다툼이 없었다. 아브라함의 종의 충실한 노력 덕분에 이삭은 전혀 애쓰지 않고 아내를 얻었다. 이삭에게 준비가 덜 필요했던 것은 하나님의 계획 속에서 그의 역할이 덜 중요했기 때문이라는 것이 내 생각이다. 그와 관련된 가장 중요한 일은 태어나는 것과 산 제물로 드려질 뻔했던 일이다. 이 두 사건에서 그는 능동적이기보다 수동적이었다.

야곱의 경우는 그렇지 않았다. 그의 삶은 태어나기 전부터 투쟁과 다툼이라는 특징을 보여준다. 야곱에게 삶은 심지어 태 안에서부터 투쟁이었다. 창세기 29장에서 야곱은 믿음으로 살 준비도 거의 갖추지 못한 채 도망자로서 세상에 내던져진다. 그는 음모와 공모의 세상에서, 공정함을 잃고 자기 취향에 맞는 자녀를 편애하는 부모 밑에서 자랐다. 야곱은 기만과 음모에 능숙해지는 법을 배웠다. 그리고 세상의 방식으로 세상의 승부에 잘 대처할 준비를 갖추었다고 생각했다.

그러나 야곱이 들어가게 된 세상은 이 분야에서 그의 능력을 시험했다. 외삼촌 라반은 세상적인 영리함과 파렴치함의 화신이었고 모든 면에서 그의 적수였다. 이것은 우리를 위한 교훈이다. 때로 우리는 효력이 없을 것 같다는 생각에 믿음의 길을 포기하려는 유혹을 받는다. 정직함이 최선의 방책은 아닌 것 같다. 그래서 인간적인 책략과 속임수로 향한다. 그러나 세상적인 일에 세상적인 방법을 사용하면 우리가 패배하는 것은 거의 불가피하다. 그곳에는 라반 삼촌들이 그득하다.

더욱이 우리가 교묘한 계략으로 이기면 야곱이 말년에 겪었듯, 그 결과는 샬롬과 조화와 화평의 관계가 아니라 쓰디쓴 다툼과 적의와 주변 사람들과의 뒤틀린 관계로 남는다. 많은 사람이 세상의 방법으로 세상을 이기려고 애쓰며 실제로 이기기도 하지만, 가장 가까운 사람들과의 관계가 부서지고 뒤틀리는 값비싼 대가를 치른다. 정직함이 언제나 최선의 방책은 아닐 수 있으나, 부정직은 항상 비참한 방책이며 그것이 성공할 때도 마찬가지다.

우물가의 여인

야곱이 벧엘에서 출발할 때 이 모든 것은 아직 미래에 일어날 일이었다. 야곱은 하나님에 대한 환상과 그의 귓전을 울리는 하나님의 축복으로 새롭게 활력을 얻어 여행을 시작했다(창 29:1). 야곱이 밧단아람에 도착해 목자들과 그들의 양떼에 둘러싸인 한 우물에 이르렀을 때, 하나님이 계속 그와 함께하시는 것이 분명한 듯했다. 목자들이 야곱에게 라반을 안다고 했다. 더욱이 그들은 라반의 현재 상태가 평안하다고(샬롬) 했다(창 29:6). 야곱을 둘러싼 그러한 상황은 오래 가지 않을 것이다.

우물가의 이 장면은, 유사한 우물에서 아브라함의 종을 만났던 어머니 리브가에 대한 이야기를(창 24장) 떠오르게 했을 것이다. 이 같은 유사성은 라반의 아리따운 딸 라헬과 그의 양떼가 그곳에 도착함으로써(창 29:6) 더 뚜렷해진다. 야곱은 라헬과 그의 양을 보고서 마음이 크게 움직인 나머지, 세 양떼의 목자들이 힘을 합해도 옮기지 못하던 큰 돌을 혼자서 옮기는 괴력을 발휘한다(창 29:8, 10). 그리고 나서 라반의 양떼에게 물을 먹이고 라헬에게 입 맞춘다(창 29:11). 이들은 전혀 무관한 행동처럼 보일 수 있으나 "물을 먹이고"와 "입 맞추고"에 해당하는 두 히브리어가 같은 자음으로 이루어졌다는 점에서 그 유사성이 분명해진다. 라반의 딸과 그의 양떼를 보자마자 그의 입에 군침이 돌았던 것으로 짐작된다. 이어지는 내용에서는 야곱이 라반에게서 이 두 가지를 빼내는 데 어떻게 성공했는지를 보여준다.

여기서는 야곱이 목자로서 역량을 과시한 것에 초점을 맞추고 있다. 에서와 대조적으로 야곱은 가정적이었고 들판보다는 장막을 더 좋아했지만(창 25:27) 겁쟁이는 아니었다. 좋은 목자는 낮에 우물가에 모인 빈질거리는 일꾼과 달리 양떼와 함께 들판에 있어야 함을 그는 알고 있었다. 야곱은 라반의 집에서 일자리를 얻어야 한다고 생각했을 수도 있다. 라헬은 '여자 양치기'로 묘사된다(창 29:9). 성경에서 그런 직업을 가진 여자로는 라헬이 유일하다. 야곱이 창세기 31장 38-40절에서 말하듯, 그 당시 양치는 일은 힘든 직업이었다. 따라서 그 일은 대개 남자의 몫이었다. 아마도 라헬은 들판에서 자기 일을 대신 맡아줄 어떤 사람이 생길 수 있다는 생각에 매우 기뻤을 것이다.

그러나 우리는 라헬의 첫 장면과 리브가의 첫 장면 간의 대조점을 간과해서는 안 된다. 둘 다 결혼으로 연결된 우물가에서 유사하게 만났으며, 둘 다 탁월한 미모를 지녔다(창 24:16; 29:17). 그러나 아브라함의 종은 리브가의 아리따운 외모를 보고 하나님의 인도하심을 확신하지는 않았다. 그는 이삭을 위한 아내인지 성격 테스트를 통해 알려주시기를 여호와께 기도했다. 그를 도와 낙타에게 기꺼이 물을 마시게 할지에 대한 테스트였다. 리브가의 아리따움을 본 후에도, 그는 리브가가 그 테스트를 통과하는지 보려고 기다렸다. 그리고 나서야 여호와께서 주인의 아들을 위해 택하신 여자가 바로 그 여인임을 알았다(창 24:21). 아브라함의 종이 그 여정 내내 행한 모든 일은 시종일관 기도를 통해 그리고 여호와의 이름으로 행해졌다.

이와 대조적으로 야곱은 자신의 체력을 라헬에게 충분히 보여 주었을지는 몰라도, 라헬이 자신에게 적합한 사람임을 확신하기까지 그녀의 아리따운 외모 외에는 아무것도 알지 못했다. 야곱이 라헬의 양떼에게 물을 주고 그녀를 도왔으나 그 반대의 경우는 아니었다. 잠언 31장 30절에서 알려주듯, 외모만으로 아내를 선택하는 것은 매우 위험하다. 야곱의 입술에는 하나님의 인도하심을 바라는 기도가 전혀 없었고, 그런 인도하심이 그가 구한 것임을 암시하는 어떠한 말도 없다. 라헬은 야곱이 선택한 여자였으며, 은혜를 통해서가 아니라 자신의 행동으로 정당하고 공정하게 얻고자 했다.

야곱과 라반

아브라함의 종과 야곱의 대조는 라반과 나눈 대화에서도 드러난다. 창세기 24장에서, 아브라함의 종은 거듭하여 여호와의 이름을 의지했고, 자기 주인의 부가 여호와의 선물임을, 그리고 라반과 리브가에게로 그를 인도하신 분이 여호와이심을 단언했다. 아브라함의 종은 모든 주변 사람을 하나님 중심으로 생각하게 하는 사람이었다. 자초지종을 들은 브두엘과 라반은 "이 일이 여호와께로 말미암았으니 우리는 가부를 말할 수 없노라 리브가가 당신 앞에 있으니 데리고 가서 여호와의 명령대로 그를 당신의 주인의 아들의 아내가 되게 하라"(창 24:50-51)고 말할 수밖에 없었다.

반면 같은 상황에서 야곱은 라반에게 "자기의 모든 일"(창 29:13)을 말했다. 무슨 일을 말하는 것인가? 본문에 그 "모든 일"이 구체적으로 언급되어 있지 않은 것은 의도적인 것으로 보인다. 아마도 장자의 명분과 축복을 훔친 자신의 속임수를 라반에게 말하지 않았을 것이다. 만일 그랬다면 라반이 야곱에게 "너는 참으로 내 혈육이로다"(창 29:14)라고 말한 것은 아이러니하게도 적절했을 것이다. 야곱은 라반과 동일한 기질을 지녔다. 여호와의 이름이 아브라함의 종의 입술에서는 분명히 언급되었으나, 야곱의 입술에서는 언급되지 않았다. 그 결과 라반 역시 여호와에 대해 말할 필요성을 느끼지 않았다. 리브가를 보낸 것은 모든 것을 주관하시는 하나님께 대한 믿음의 행위였으나, 야곱과 라반 사이의 계약은 사업상의 거래였다. 라반은 야곱에게 품삯을 정하라 했고, 야곱은 라반의 딸 하나를 얻기 위해 7년 동안 고된 노동을 할 것을 제안했다.

아마도 곤궁한 상태에서 야곱은 하나님의 축복을 확신할 수 없

었을 것이다. 그러나 그것은 앞장(창 28:13-15)에서 하나님이 약속
하신 바였다. 야곱은 믿음으로 자신이 아브라함에게 주신 약속을
지닌 자임을 라반에게 밝힐 수 있었다. 야곱은 신부값 없이 라헬을
자신에게 줄 것을, 그래서 라헬과 함께 곧바로 약속의 땅으로 돌아
가 하나님의 영광을 위해 그곳에서 가족을 이루게 해줄 것을 라반
에게 담대히 요구할 수 있었다. 만일 야곱 자신이 어떤 은혜를 받은
사람인지에 근거해 믿음으로 그 상황에 대처했다면, 이어지는 다툼
과 죄를 많이 피할 수 있었을 것이다. 그러나 야곱은 벧엘에서 받은
축복에 비추어 살지 않고 세상적인 방식을 따랐으며, 결국 그러한
선택에 따른 대가를 치른다.

고아로서 살기

우리도 그러는 경우가 참 많다. 우리에게는 그리스도 안에서 온
갖 것으로 복 주시는 천부가 계시지만, 그 사실을 너무나 빨리 잊는
다. 실직이든 깨어진 인간관계든 질병이든 혹은 사랑하는 사람의
임박한 죽음이든 문제가 생길 때, 우리는 마치 고아인 것처럼 살아
가며 우리 자신의 힘에 의존한다. 우리는 은혜의 보좌에서 날마다
우리를 위해 중보하시는 그리스도께 연합되어 있지만, 자그마한 문

제가 닥쳐도 하나님께 사랑 받지 못하고 버림받았다고 느끼며, 자신의 재능과 자원에 다시 의존하려 한다. 심지어 우리가 기도하는 법을 모를 때도 성령께서 우리의 기도를 도우시지만, 종종 우리는 별다른 일이 일어나지 않는 것 같다는 생각에 기도를 포기한다. 우리는 왕의 자녀이자 왕국의 상속자로서 살아가지 않는다. 그래서 우리가 두려워하는 것이 아닌가? 만일 계획하고 일을 도모하며 처리하는 자신의 능력에 미래가 달려 있다면, 우리는 당연히 두려울 것이다. 어떻게 우리가 주변 세계를 관리하기를 바라겠는가? 하나님이 우리를 위해 행하기로 이미 약속하신 일들을 우리 자신의 힘으로 이루려고 필사적으로 노력하고 있지는 않은가? 그 때문에 그토록 기도가 부족한 것은 아닌가? 기도할 마음이 생기지 않는 것은 우리의 미래가 전적으로 우리 손에 달렸다는 생각이 마음속 깊이 자리 잡고 있기 때문이 아닌가?

당신의 상황을 생각해 보라. 기도 응답이 당신의 능력에 달린 것이 아님을 알고서, 최근에 당신의 삶을 하나님께 맡긴 것은 어떤 상황에서였는가? "여호와께서 우리 편에 계시지 아니하셨더라면 … 넘치는 물이 우리 영혼을 삼켰을 것이라"(참조, 시 124편)는 기도를 당신은 얼마나 자주 드리는가? 아니면 당신은 모든 것을 스스로 처리할 수 있다는 신념으로 모든 비상사태에 대비할 계획을 세워놓고 하나님을 뒷전에 두는가? 나도 그런 유혹을 받는다.

이 같은 절망적인 자기의존은 여러 영역에서 드러날 수 있다. 기도생활에서, 당신은 하나님의 말씀을 듣게 해주실 것을, 당신의 차디찬 마음을 녹여주실 것을 간구하지 않고, 하나님께 다가가려는 자신의 노력이나 적절한 성경읽기 계획이나 기도할 때 올바른 단어표현에 초점을 맞출 수 있다. 자녀양육에서, 당신은 하나님의 개입이 없이는 최선의 노력도 외식적인 바리새인만 만들어낼 뿐임을 자각하지 못한 채, 온갖 서적을 읽고 완벽한 기독교 가정을 세우기 위해 계획을 세울 수 있다. 교회에서는, 하나님의 개입이 없이는 교회가 다리 부러진 의자처럼 무가치함을 자각하지 못한 채, 유능한 목사를 구하거나 5개년 계획을 세우는 데 초점을 맞출 수 있다.

계획을 세우고 문제점을 연구하며 열심히 일하는 것은 전혀 나쁜 것이 아니다. 그러나 만일 하나님이 우리 안에서 우리를 통해 영광을 받지 못하시면 우리의 많은 수고는 헛되며, 우리의 삶을 견고히 하려는 시도는 오히려 우리를 무너뜨릴 것이다. 우리는 벧엘에서 야곱이 들은 좋은 소식을 거듭 상기해야 한다. 하나님은 우리와 함께 계시며, 결코 우리를 버려두거나 포기하지 않을 것을 약속하셨다.

아침에 보니, 레아였다!

우리가 세상적인 방법에 의존하려는 유혹은 광야에 있는 자신을 발견할 때 특히 강하다. 아무리 최근에 벧엘을 경험하고 우리를 일일이 돌보시는 하나님의 음성을 들었을지라도, 눈앞에 보이는 것과 하나님이 약속하신 것 사이의 현실적인 차이를 발견할 때, 우리는 다시 예전의 유혹에 빠져든다. 그런 상황에서 타협하거나 세상의 문제를 세상의 방법으로 해결하려는 유혹이 거듭된다. 그러나 그 유혹을 거부해야 한다. 야곱이 깨달았듯, 세상의 방법으로 해결하려 하면 미흡함과 낙심에 빠지는 경우가 많기 때문이다. 당신이 아침에 일어나보니 침대에는 당신이 원한 라헬이 아니라 레아가 누워 있다!

라반과의 거래에서, 야곱은 자신의 품삯으로 어느 딸을 원하는지 구체적으로 신중하게 밝혔다고 생각했다. 야곱이 원한 사람은 시력이 약한 레아가 아니라 동생인 아리따운 라헬이었다(창 29:18). 그러나 라반 같은 사람을 만나면, 당신이 보는 것을 얻는다는 보장이 없다. 라반이 야곱을 속인 것은 적절한 징벌에 해당한다. 야곱이 라반에게 한 "외삼촌이 나를 속이심은 어찌됨이니이까"(창 29:25)라는 말은 야곱의 아버지가 야곱에게 할 수 있는 말이었다. "언니보다 아우를 먼저 주는 것은 우리 지방에서 하지 아니하는 바이라"(창

29:26)는 라반의 대답에도 질책이 암시되어 있다. 고향 집에서는 야곱이 형의 자리를 차지할 수 있었으나, 지금은 고향 집이 아닌 나그네일 뿐이었다.

그 기만 방식 역시 야곱의 속임수를 떠올리게 한다. 야곱이 먼저 아버지 이삭에게 음식을 대접하고 난 후 그 노인의 눈이 어두운 점을 이용했듯, 라반도 먼저 야곱에게 포도주와 음식을 대접한 다음 밤중에 그를 속였다. 문제는 레아의 약한 시력이 아니라 자신의 장막 안에 함께 있는 사람을 분간하지 못한 야곱의 눈이었다. 결정적인 순간에 야곱은 이삭이 그랬던 것처럼 눈이 멀었다. 이미 너무 늦어버린 아침에 고통스러운 그 모든 상황이 분명해졌다. 야곱의 곁에 누운 사람은 레아였다. 야곱은 라헬을 얻기 위해, 이번에는 노고의 대가를 선불로 받았지만 라반을 7년 더 섬겨야 했다.

고통스러운 섭리

우리가 야곱을 동정해야 할까? 아마도 우리가 야곱을 너무 안쓰럽게 여길 필요는 없을 것이다. 야곱의 관점에서 보면 부당하고 불공평한 일이지만, 이것 역시 그를 위한 하나님의 선하신 섭리의 일부였다. 이것 역시 찬송가 작사자가 말하듯 "나를 놓아주지 않는 사랑"[1]의 일부다. 물론 하나님이 우리를 놓아주지 않으신다는 것이 당장에는 좋은 소식임이 분명하지 않은 경우도 있다. 사랑의 하나님은 자기가 신뢰하던 사람에게 기만당하는 것이 어떤 건지 야곱이 경험하기 원하셨다. 그 경험이 있었기에 야곱은 예전의 죄를 깊이 회개할 수 있었을 것이다. 하나님이 은혜로써 그를 붙들고 포기하지 않으셨다. 야곱의 삶은 거칠고 고통스러운 과정을 통해 성화되어 갔다.

때로 야곱이 생각하기에 자기 삶의 정황들이 "네가 여러 족속을 이루게 하시고"(창 28:3)라는 이삭의 축복과 분명 상반되는 것 같았을 것이다. 과연 하나님이 그렇게 하실까? 과연 이 야곱이 약속의 땅을 유업으로 받을 자이며, 그의 수많은 후손을 통해 세상이 복을 받을 것인가? 창세기 29장에 따르면, 야곱이 외삼촌을 위해 14년 동안 성심성의껏 일했으나 얻은 것은 두 아내뿐이었으며, 두 아내는 서로 잘 지낼 수 없었다. 심지어 (다음 장에서 볼 수 있듯이) 야곱과도 잘 지내지 못했다. 그러나 은혜는 우리가 생각하는 것보다 훨씬 더 강력하다. 당신이 현실적인 간격을 실감하며 앞으로 어떻게 될지 알지 못할 때도, 하나님의 약속은 든든하게 실현되어 갈 것이다.

---

1   George Matheson, "O Love That Will Not Let Me Go," 1882.

찬송가 작사가가 말하듯, 하나님이 "가장 깊은 곤경 속에서 너를 거룩하게"[2] 하실 것이다. 하나님은 가장 힘들고 도전적인 경험을 사용하여, 야곱(우리) 같은 거친 다이아몬드를 가공해 마침내 별처럼 빛나게 하실 것이다. 이 모든 과정에서 우리를 축복하시며 거룩하게 하신다는, 즉 우리로 하여금 죄악 된 마음을 자각하여 전적으로 그분의 은혜를 의지하게 하신다는 하나님의 약속은 결코 흔들리지 않을 것이다.

야곱은 그 시점에 이 사실을 자각했을까? 결국 야곱은 하나님이 약속하신 대로 모든 일이 이루어질 거라고 생각했을까? 우리는 알 수 없다. 그 시점에 야곱의 마음이 어떠했는지 성경 본문은 자세히 알려주지 않는다. 그러나 어떤 의미에서는 그것이 전혀 문제 되지 않으며, 또 어떤 의미에서는 그것이 심각한 문제가 된다. 개인적인 평안과 행복이라는 면에서는, 야곱이 믿음으로 살았는지의 여부가 매우 중요하다. 만일 약속에 대한 믿음이 강했다면, 매우 도전적인 상황에서도 깊은 위안과 기쁨을 간직했을 것이다. 하나님의 약속 안에서 평안했을 것이며, 매일의 도전에 직면하여 하나님이 어떻게 그 약속을 이루어 가시는지 기대하며 기다렸을 것이다. 그러나 이

---

2 "How Firm a Foundation," 1787.

후의 장들에서 야곱이 계속 계략을 추구한 사실이 입증하듯이, 그 시점에 야곱의 믿음은 여전히 약했던 것 같다. 그렇듯 약한 믿음은 그가 누릴 수도 있었을 평안과 기쁨을 그에게서 앗아갔다. 그런 점에서 그의 믿음 부족은 심각한 문제였다. 그러나 또 다른 점에서 그것은 전혀 문제가 되지 않았다. 야곱에게 복 주시려는 하나님의 목적은 야곱의 믿음의 강도에 달린 것이 아니었다. 야곱이 당장 믿든 믿지 않든, 하나님은 그의 여정 끝에 축복의 장소로 안전하게 데려가실 것이다.

우리 경우도 마찬가지다. 우리 믿음의 강도는 하나님께 복 받는 데 아무런 영향을 미치지 않는다. 중요한 것은 우리가 누구를 믿는가 하는 것이다. 만일 우리가 그리스도를 신뢰하면, 우리는 그분을 우리의 주와 구주로 바라볼 것이며, 그러면 우리 믿음이 아무리 작고 연약할지라도 분명 하나님이 우리에게 복을 주실 것이다. 그러나 우리 믿음의 강도는 그 복을 누리는 데 큰 영향을 미칠 것이다. 도전적인 상황에 직면해 우리가 현재적 평안이나 하나님과의 관계를 누리는 것은 대부분 그 믿음을 굳건히 함에서 비롯된다.

세상의 소망

어떻게 이런 일이 있을 수 있을까? 어떻게 하나님이 그토록 믿음이 약한 야곱 같은 사람에게 복을 주실 수 있을까? 축복의 약속을 신뢰하지 않고, 그 축복이 자기 노력에 전적으로 달려 있는 것처럼 행동하는 사람을 어떻게 하나님이 사랑하실 수 있을까? 자기 가정을 세우거나 자기 마음도 정돈하지 못하는 비참한 사람을 어떻게 하나님이 복 주실 수 있을까? 그것은 우리의 판단기준을 허물어뜨린다. 스스로 노력하는 자들, 거짓말쟁이나 기만자가 아니라 품위 있고 도덕적이며 하나님을 경외하는 자들을 하나님이 도우셔야 한다고 우리는 생각한다. 올곧은 사람이 없어서 하나님이 이 같은 사람, 즉 하나님을 신뢰하거나 진실을 말하는 법을 배우지 않은 사람을 상대하셔야 했을까? 그러나 그것은 하나님이 일하시는 방법이다. 그분은 무가치하며 추한 사람을 은혜로 택하시며, 하나님의 은혜는 그 사람을 내버려두지 않을 것이다.

이 같은 사람을 택하시는 하나님의 계획은 무엇일까? 이 물음에 대한 답은 여러 세기 후에 우물가에서 한 남자와 한 여자의 또 다른 만남을 통해 명료해진다. 사마리아에서, 야곱이 팠던 우물 곁에서 예수님이 한 여자를 만나셨는데, 그 여자의 추악한 생활방식은 야곱마저 올곧게 보이게 할 정도였다(요 4:4-26). 그 여인은 남자들의 그늘에서 복을 찾으려 했다. 그 결과 다섯 남편을 거쳤으며, 지금은 결혼조차 하지 않은 채로 한 남자와 살고 있다. 그 문화권에서는 참으로 수치스러운 일이다. 자신의 수상쩍은 생활방식을 낯선 사람 앞에서 자랑하려 하지 않은 것은 당연하다. 그녀는 하나님을 전혀 찾고 있지 않았다. 그러나 하나님은 창세기 28장에서 야곱을 위해 하신 것처럼, 방황하며 무너져 내린 여인에게 친히 찾아오셨다. 예수님은 여인에게 생수를 주기 위해 오셨다. 그것은 그 여인의 영혼 속에서 영생하도록 솟아날 선물이었다(요 4:14). '생수'는 민수기 19장에 나오는 붉은 암송아지 희생제사를 통해 얻는 물에 대한 용어를 헬라어 구약성경에서 번역한 것이다. 그 물에 닿은 자는 누구든지 정결해졌다. 예수님은 죄와 학대로 얼룩진 여인의 삶을 정결케 할 방안을, 그래서 영과 진리로 엎드릴 예배자를 줄곧 찾으시는 아버지 앞에서 새 출발할 방안을 여인에게 제시하셨다. 그 대화의 결과 여인과 그 마을에 살던 많은 이가 생명을 얻었다. 하나님 아버지는 예배하는 자들을 찾아내 받아들이신다.

그러나 민수기 19장의 생수는 대가가 요구된다. 희생제물을 통해 얻은 재가 그 생수의 핵심요소지만, 그 희생제사를 드리는 자는 모두 그 과정에서 의식적으로 부정해졌다. 다른 사람을 정결케 하기 위해 자신이 더러워진 것이다. 예수님도 우리를 깨끗케 하기 위해 우리의 추함을 떠맡으셔야 했다. 우리로 하여금 하나님의 임재 속으로 들어가지도 그분의 축복을 받지도 못하게 하던 죄가 예수님께 전가되었다. 예수님은 세상 방법을 사용해 자기의 복을 얻으려고 일하신 적이 전혀 없음에도, 십자가에서 마치 야곱인 것처럼, 마치 사마리아 여인인 것처럼, 마치 우리인 것처럼 취급당하셨으며, 우리의 모든 죄악 된 계략에 대한 징벌을 대신 받으셨다. 십자가에서 드러난 아버지의 사랑이 우리로 하여금 하나님 앞에 담대히 서게 하고, 주님의 은총과 축복을 확신할 수 있게 한다.

세상의 소망은 야곱이 아니다. 야곱은 라헬의 양떼에게 물을 먹일 수 있으나, 라헬의 영혼의 갈증을 해소해 주지는 못한다. 야곱은 라헬의 마음을, 심지어 자기 마음도 변화시키지 못하며, 따라서 거기서는 생수가 흘러나오지 않는다. 반대로 야곱에게서는 기만과 혼란의 악순환이 흘러나온다. 그러나 하나님은 그런 야곱에게서 끝내지 않으신다. 하나님은 거친 섭리를 통해 이 계략가를 변화시켜 하나님의 은혜를 드러내실 것이다. 하나님은 야곱의 죄악 된 모습 때문이 아니라 그 모습에도 불구하고 야곱을 축복하실 것이다. 결국 야곱은 돌이켜 벧엘의 하나님, 모든 은혜의 하나님을 예배할 것이며, 마침내 자기의 영리한 전략을 모조리 포기할 것이다.

당신은 어떤가? 마음속에 남아 있는 깊은 죄와 부패성을 쓰디쓴 경험을 통해 알고 있는가? 자신이 본성적으로 하나님의 사랑과 선하심에 합당하지 않은 존재임을 알고 있는가? 하나님이 끈질기게 당신을 추격하심으로 당신을 예배자 되게 하심을 경험하였는가? 당신을 통해 하나님의 은혜가 드러나는가? 그렇다면 하나님을 찬양하라. 하나님은 당신을 포기하지 않으시며, 거친 섭리를 통해 당신을 하나님이 원하시는 사람으로 서서히 변화시키실 것이다. 하나님은 가장 흠 많은 재료로 시작하시지만, 당신의 영혼을 깜짝 놀랄 정도로 아름답고 영원한 보석으로 변화시키기까지 멈추지 않으실 것이다.

하나님은 구부러진 도구를 가져다가 그것을 서서히 펴기 시작하신다. 조율되지 않은 마음을 취하여 천천히 조율하기 시작해 하나님을 찬양하게 하신다. 이 모든 과정에는 시간이 걸리지만 하나님은 서두르지 않으신다. 우리로 하여금 그 어떤 도피와 낙심의 시간을 지나게 하시든, 하나님의 일관된 목적은 장차 예배하며 그분의 은혜를 깊이 감사할 수 있도록 우리를 준비시키는 것이다(엡 2:10). 그러므로 기꺼이 그리고 불평 없이 그분의 자애로우신 목적에 복종하라. 광야의 세월은 참으로 힘들다. 야곱에게 물어보라. 그러나 그 광야는 우리의 집이 아니다. 라반이 야곱에게 상기시키듯, 라반의 집은 야곱을 위한 장소가 아니다. 라반의 집은 단지 야곱의 임시주

소일 뿐이다. 야곱이 있을 곳은 벧엘이다. 벧엘은 하나님이 처음 은혜로써 야곱에게 자신을 계시하신 곳이다. 야곱과 우리에게 고향은 광야의 맞은편에 있다. 그곳은 우리가 완벽하게 조율된 마음과 음성으로 찬양하며 영원히 거할 하나님의 집이다. 힘겨운 사막을 지나는 동안 그 노래가 아련하게 우리의 귓전을 울린다. 그곳을 지나는 동안 우리는 하나님의 은혜를 상기함으로써 새로워진 활력과 감사와 소망의 마음을 북돋운다.

생각해 볼 문제
FOR FURTHER REFLECTION

1 야곱과 라반의 만남을 통해, 하나님은 하나님나라를 위해 야곱을 어떻게 준비시키시는가?

2 우물가의 만남을 통해 드러난 야곱의 마음은 무엇인가?

3 살아가면서 자신의 자원만을 의존해야 하는 고아 같다는 생각을 당신은 어떤 식으로 드러내는가? 당신의 삶에서 그런 유혹이 가장 강한 때는 언제인가?

4 당신의 고아 같은 상태에 대해 하나님이 제시하신 해결책은 무엇인가? 그 해결책을 통해 당신의 삶은 어떻게 변화되어야 하는가?

Chapter
06

군비 경쟁
_ 창세기 29:31-30:24

이름 속에 무엇이 있나? 창세기의 이 부분에 이르러, 우리는 셰익스피어의 줄리엣처럼 이렇게 외치고 싶은 유혹을 느낄 수 있다. "어찌하여 당신은 … 르우벤 … 시므온 … 유다이며 그것이 도대체 무슨 의미가 있나요?" 주로 출생과 이름에 대한 내용으로 구성된 기사에 무슨 영적인 가치가 있을까?

아마도 우리 문화권에서 볼 수 있는 문제 중 하나는 자녀에게 의미 있는 이름을 지어주려 하지 않는 경향일 것이다. 우리 청교도 선조들과 달리, 우리는 더 이상 자녀가 갖추기를 원하는 덕목에 따라 혹은 성경인물을 따라 자녀의 이름을 지으려 하지 않는다. 오늘날 부모들은 자기 귀에 좋게 들리는 이름이나 자기가 좋아하는 영화

배우 또는 가수의 이름을 자녀에게 붙이려 한다. 아마 우리 자녀는 '페이션스'(인내)나 '머시'(자비)나 '인크리스'(증대)나 '이가봇'(슬프도다) 같은 이름을 가진 채로 초등학교에 가지 않는 것을 기뻐할 것이다. 그러나 결국 우리의 어린 카일이나 브리트니는 쉽게 브랜던이나 빅키로도 불릴 수 있었을 것이다. 그런 이름 속에 과연 무엇이 있을까?

창세기에서 이름은 의미를 지닌다. 어떤 경우에는 '하나님(엘)이 들으신다(솨마)'는 뜻인 이스마엘처럼, 히브리어를 모국어로 사용하는 사람에게 그 의미가 분명하다. 그런가 하면 '웃음'(차하크)을 뜻하는 단어처럼 들리는 이삭(이차크)같이 언어유희에 근거한 이름도 있다. 어떤 식이든 흔히 아이의 출생 상황과 이름 간에는 연관성이 있었다. 창세기 기사의 이 같은 특징으로 인해, 레아와 라헬에게서 태어난 야곱의 열두 아들의 명단은 그들의 생각을 들여다보게 하는 창이다. 그 열두 아들의 이름은 야곱의 두 아내가 사활을 걸고 매달렸던 힘의 투쟁을 반영한다. 즉, 그들이 공유했던 남편의 관심과 사랑을 얻으려는 싸움이었다. 이 군비 경쟁에서 이겨 야곱의 사랑을 차지하는 자는 아들을 얻는 특권과 안전을 확보했다. 여자의 가치가 주로 자신이 낳은 아들의 수에 따라 평가받던 사회에서, 그 경쟁에서 진 자는 삶의 변두리로 밀려나 무가치한 존재가 될 것 같았다.

이 같은 고대의 정황은 라헬과 레아의 경우에 더 두드러졌다. 그들의 배우자가 평범한 가정의 사람이 아니었기 때문이다. 야곱은 아브라함에게 주어진 축복(창 28:4)과 함께 뱀의 머리를 상하게 할 미래의 후손에 대한 약속(창 3:15)을 지닌 자였다. 두 자매 중 누가 메시아의 선조가 될 것인가? 야곱과 에서의 경우처럼 다시 한번 그 축복이 언니는 배제된 채 동생에게 돌아갈 것인가? 아니면 이번에는 언니인 레아가 미움과 불이익을 당했으므로 하나님이 레아에게 은혜를 베푸실 것인가? 장자권을 놓고서 에서와 야곱이 그랬듯 이 두 자매에게도 영적인 관심은 없었지만, 이 싸움에는 엄청난 것이 걸려 있었다.

사랑받지 못한 자를 향한 하나님의 사랑

성경 기록에 따르면, 하나님의 은혜가 사랑스럽지 않고 사랑받지 못한 레아에게 먼저 주어져 레아가 첫아들을 낳는다(창 29:31). '사랑받지 못한' 또는 '멸시당한'이라는 말은 야곱과의 관계에 대한 감정적 묘사에 그치는 것이 아니다. 이 히브리어는 야곱의 가족 안에서 레아의 법적 지위가 불안함을 나타내는 것이기도 하다. 레아는 사랑받지 못하는 아내였고, 그 문화권에서 그런 아내는 쫓겨나거나 괄시받거나 이혼당할 수도 있었다. 야곱이 애당초 레아와 결혼할 마음이 없었다는 사실에 비추어 볼 때, 그런 처지는 놀라운 것이 아니다. 레아는 용모가 추하지는 않았더라도 분명 호감을 덜 끌었으며, 자기 아버지의 속임수로 야곱에게 떠맡겨졌다. 야곱은 결혼하고서 다음 날 아침 라헬이 자기와 함께 침상에 있을 것을 기대했으나, 라헬 대신 레아가 있었다(창 29:25). 이것은 어느 결혼에서나 경사스러운 출발이 아니다.

또다시 7년간 일할 대가로 라반이 라헬도 야곱에게 줌으로써, 레아의 불안정한 위치는 더욱 위태로워진다(창 29:27). 야곱이 부모의 집에서 능숙하게 대처했던 가족 내의 불화와 자녀 간의 경쟁이 이제 자신의 가정에서 보금자리를 틀었다. 항상 그렇듯 이러한 역기능적 관계는 고통과 눈물을 초래했고, 레아는 가장 값비싼 대가를 지불했다.

그러나 하나님은 각별히 힘들게 살아가는 사람들에게, 그들이 그 상황에 개입했는지의 여부에 상관없이 특별한 관심을 기울이신다. 창세기 16장에서 사라의 여종 하갈이 광야에 홀로 격리되었을 때, 하갈은 잘못 없이 결백한데 문제 상황에 처한 것이 아니었다. 하갈은 거만한 태도로 먼저 여주인을 화나게 했고(창 16:4), 그로 인해 사라가 하갈을 학대하자 집을 떠나 달아났으며, 하나님의 축복이 약속된 가정을 포기했다. 자신의 행동이 결핍 상황으로 내몰았다. 그럼에도 곤경에 처한 하갈의 부르짖음이 여호와께 상달되었다. 유사하게 비록 레아가 야곱을 속이는 일에 기꺼이 가담한 것은 분명하지만, 여호와께서는 레아의 행동에 따른 고통스러운 결과를 보고 그녀를 보살피셨다. 그 결과 하나님이 레아의 태를 먼저 열어 아들을 낳게 하셨다(창 29:31).

이는 삶이 엉망인 사람들에게 좋은 소식이다. 종종 우리는 하나님에 대해, 우리가 사소한 위반을 범해도 엄중한 법규를 적용하기 위해 인생의 길가에서 기다리시는 우주의 교통경찰인 것처럼 생각하려는 유혹을 받는다. 사실은 비록 우리가 엄벌을 받아 마땅할지라도('사소한 범법' 때문만이 아니다), 하나님의 자비와 은혜는 우리가 소망하는 것보다 훨씬 더 큰 것으로 드러난다. 심지어 우리의 고통스러운 상황이 우리 죄에 따른 분명하고도 직접적인 결과더라도, 하나님은 여전히 우리를 돌보신다. 예수님의 비유에 나오는 종처럼, 우리가 하나님 앞에서 상상조차 할 수 없는 빚을 졌을지라도 하나님은 놀랍게도 우리를 기꺼이 용서하신다(마 18:21-35).

그러나 하나님의 이 같은 선하심은 다른 사람에 대한 우리의 태도를 돌아보게 한다. 우리는 이 은혜 받기를 갈망하지만, 그것을 다른 사람에게 항상 속히 전달하지는 않는다. 예수님의 비유가 자비로운 주인에 대한 비유가 아니라 무자비한 종에 대한 비유로 불리는 데는 이유가 있다. 우리는 자신이 받은 만큼 다른 이에게 자비를 나눠주는 일에 더디다. 우리는 더디 용서하며, 우리에게 진 다른 이들의 빚은 속히 독촉한다.

이런 성향은 교회에서 섬기는 사역에도 영향을 미칠 수 있다. 종종 우리는 궁핍한 이들을 돕는 자비 사역에서 '자격 있는 궁핍한 자'와 '자격 없는 궁핍한 자'를 구분하길 좋아한다. 우리는 '자격 있는 궁핍한 자' 돕기를 좋아한다. 과부나 고아나 학대받는 자같이 자신의 곤경에 대한 책임이 그다지 없는 이들이다. 반면 우리는 '자격 없는 궁핍한 자' 돕기를 꺼린다. 이들은 마약중독자, 알코올중독자, 그리고 자기의 엉망인 삶이 주로 자기의 생활방식이나 선택에서 비롯된 사람들이다.

그러나 하나님은 우리 같은 기준으로 구분하지 않으신다. 우리 중 누구도 복음 받을 자격이 없음에도, 복음은 우리 모두에게 거저 주어진다. 성경 전반에 걸쳐, 하나님은 책임 소재에 근거하지 않으시고 궁핍한 자들에게 관심을 기울이신다. 의로운 자와 불의한 자 모두에게 비를 내리신다(마 5:45). 우리는 그들이 죄 많고 자기 파괴적인 행동 패턴을 지속하게 할 수 있다는 이유로 도움의 손길을 거둬들일 때가 있다. 잠언에서 상기시키듯 스스로 가난을 초래하는 원인에는 여러 가지가 있다. 게으름(잠 6:10), 수고하지 않고 말만 함(14:23), 방종(21:17), 가난한 자에 대한 억압(22:16) 또는 인색함(28:22)이다. 가난의 근원적인 원인을 지적하지 않고 그런 사람을 돕는 것은 참된 도움이 아니다. 그러나 그들이 어떻게 그런 처지에 놓이게 되었든, 사회의 가장 미약하고 버림받은 자들에 대한 우리의 관심은 지나칠 정도여야 한다. 그렇게 함으로써 우리는 하늘 아버지의 참 자녀가 될 것이다(마 5:43-48).

나를 주목해 주세요!

첫아들 르우벤의 출생과 함께 레아는 자기 라이벌에 비해 유리한 입지에 있음을 느꼈다. 하갈의 경우처럼 여호와께서 레아의 괴로움을 돌아보셨고, 그로 인해 레아는 아들을 얻었다. 르우벤 이름의 뜻은 '보라, 아들을!'이다. 이 이름은 남편의 관심을 끌기 위한 레아의 필사적인 외침을 구현한 것이다. '나를 주목해 주세요!' 레아는 "여호와께서 나의 괴로움을 돌보셨으니 이제는 내 남편이 나를 사랑하리로다"(창 29:32)라고 말했다. 이 말 속에서 우리는 레아의 고통이 표현된 것을 들을 수 있다. 그러나 레아의 힘든 처지를 동정함에 있어, 우리는 레아의 마음을 움켜쥐고 있던 우상숭배가 이 말에서 드러남을 놓치지 말아야 한다. 레아가 여호와라는 칭호를 언급하는 동안에도, 의미 있는 삶에 필수적인 것으로 여긴 것은 여호와의 인정이 아닌 자기 남편의 인정이었다. 야곱의 인정 없이는 자기 삶이 끝난다고 느꼈다. 야곱이 인정해 주지 않는다면, 여호와께서 그녀의 비참함을 돌아보셔서 그 기도에 응답해 주시는 것이 무슨 의미가 있겠는가? 레아는 하나님을, 자신의 모든 삶을 의미 있게 하는 분이 아니라, 자기에게 정말 중요한 것(야곱의 사랑)을 얻게 해 주는 유용한 방편으로 보았다.

이것이 우상숭배의 본질이다. 살아계신 하나님 외에 다른 어떤 것이 하나님을 배제하고 우리 존재의 중심에 자리 잡는 것이다. 우리는 예배하는 존재로 지음받았으며, 우리의 의미와 목적을 우리 자신이 아니라 외부에서 찾아야 한다. 우리는 우리의 정체성과 자기 가치를 위해 바라보는 누군가(또는 무엇인가)가 항상 있다. 만일 우리가 참되신 하나님께 등을 돌리면, 불가피하게 우리는 그 공허함을 다른 뭔가로 채우려 한다. 우리는 인생의 의미를 찾기 위해 성경의 하나님 대신 또는 성경의 하나님과 함께 무엇이든 가져야 하는데, 그것이 바로 우리의 우상이다. 우상도 그 자체로서 나쁜 것은 아니다. 레아가 남편의 사랑을 갈망한 것은 잘못이 아니다. 그러나 좋은 소원이 쉽사리 지나친 욕구가 될 수 있다. 우리는 합당하게 바라는 것에 궁극적 의의를 부여하기 쉬운데, 그것이 우리 마음속에서 우상이 된다. 레아의 경우 그것은 자신을 진정으로 사랑하는 남편에 대한 갈망이었다. 당신도 마찬가지일 수 있다. 혹은 건강이나 더 나은 인간관계나 높은 성적이나 새 직업 또는 합법적이거나 불법적인 것에 대한 갖가지 갈망일 수도 있다. 그것이 무엇이든, 당신이 그것에 궁극적 의의를 부여하고 '내가 이것을 갖지 않으면 내 삶은 허망하다'고 말한다면 그것은 우상이다.

레아의 공식적인 신앙은 정통이다. 그녀는 이 일 저 일에 개입하시는 여호와에 대해 말한다. 그러나 레아의 공식적인 신학이 무엇이든 간에, 그 마음의 중심에 자리 잡은 분은 여호와가 아니다. 실제로는 남편의 사랑에 대한 갈망이 그 삶의 중심이며, 여호와는 레아가 진정으로 바라는 것을 얻기 위한 방편일 뿐이다.

레아는 둘째와 셋째아들의 이름을 각각 시므온과 레위라 지을 때도 그 같은 우상숭배적인 마음을 드러냈다. 시므온이라는 이름은 '들었다'는 뜻이며, 레아는 사랑받지 못하는 자신의 처지에 대해 여호와께서 들으시고 선물로써 응답해 주셨음을 자기 입으로 확언한다(창 29:33). 그러나 자신의 비참함을 여호와께서 보고 들으셨다는 사실도, 만일 야곱이 보고 들어주지 않는다면 의미가 없었을 것이 분명하다. 유사하게 레위라는 이름은 '달라붙은'을 뜻하며, 성경에서 이 동사의 어근은 하나님 백성의 일원이 되기 위해 이스라엘에게 달라붙는 회심자를 묘사하는 말로 종종 사용된다(예, 사 56:6). 그러나 레아가 진정으로 붙어 있기를 갈망한 대상은 여호와가 아니었다. 그분의 은총은 거의 당연시 되었다. 대신 레아는 남편에게 붙어 있기를 갈망했으며, 이제 마침내 남편의 관심을 얻을 거라고 확신했다(창 29:34). 그러나 레아는 추구하던 것을 손에 넣지 못했다. 야곱은 레아에게 여전히 냉담했다. 실망스럽게도 레아는 우상숭배를 통해 만족을 얻지 못했다.

우상숭배로 만족을 얻지 못함으로 인한 축복

우상숭배로 만족을 얻지 못하는 고통은 종종 우리 마음의 감춰진 은신처를 드러내는 하나님의 메신저 역할을 한다. 우리가 원하는 것을 얻고 우리의 우상이 우리에게 미소 짓고 있는 한, 우리는 그 우상이 우리를 지배하는 힘을 잘 알아차리지 못한다. 자기의 꿈이 참되고 살아계신 하나님과 아무런 관련이 없음에도 그 꿈이 실현되고 있으면 아무도 도움을 요청하지 않는다. 건강할 때는 일어서고 걸어 다니며 자기 몸을 컨트롤할 수 있는 것이 얼마나 중요한지 실감하지 못한다. 재정상태가 넉넉할 때는 자기가 돈에 얼마나

의존하고 있는지 거의 짐작하지 못한다. 자기 외모가 근사할 때는 그 점이 자기의 자아관에 얼마나 핵심적인 역할을 하는지 이해하지 못한다.

그런데 우상이 우리를 지배하는 것은 언제나 은혜에 근거해서가 아니라 공로에 근거해서다. 자기의 굶주린 우상이 요구하는 제물을 매일 바칠 수 있는 한, 그들은 우리에게 미소 짓고 우리를 축복하며 우리는 즐겁게 살아간다. 그러나 그들이 요구하는 대가를 우리가 지불하지 못하면 상황은 급변한다. 우리가 더 이상 건강하거나 부유하거나 아름답지 않을 때, 혹은 경력의 사닥다리를 헛짚어 굴러 떨어질 때, 우리의 우상이 우리를 저주하기 시작하며, 우리는 두려움과 분노와 좌절 같은 부정적인 감정을 경험한다. 그러한 부정적인 감정이 심해질 때, 우리는 자기 우상의 진정한 특성, 그리고 그것이 우리를 얼마나 단단히 사로잡고 있는지 발견한다. 자기 회의와 깊은 절망에 빠져들면서, 우리는 이 세상의 가치와 미덕과 화려해 보이는 상(賞)을 얼마나 많은 가치로 삼았는지 발견한다. 하나님의 은혜로, 검은 월요일에 우리의 내적 주식시장이 녹아내리는 상황은 우리의 마음속에서 무슨 일이 일어나고 있는지를 보게 하기 위해 하나님이 사용하시는 방편일 수 있다.

사실 부정적인 감정을 반추하는 것은 우상의 실체를 드러내기 위한 가장 확실한 방법 중 하나다. 당신을 심한 염려에 빠뜨리는 것이 무엇인가? 어떤 상황이 당신을 좌절하게 하는가? 그 부분을 좀 더 깊이 파보라. 그러면 당신의 우상숭배가 개입되어 있음을 발견할 것이다. 무엇인가를 잃거나 잃을 가능성이 있어 당신의 영혼이 무너지고 있다면, 그것이 당신의 우상인 셈이다. 만일 당신의 우상이 직업이면, 직장에서 큰 실책을 저지를 때 당신은 무너질 것이다. 만일 그것이 건강이면, 당신은 영양보충제를 먹고 한방치료를 받고 운동하며 요가를 할 것이고, 그래도 소용이 없으면 혼란에 빠질 것이다. 만일 당신의 우상숭배를 드러내는 식으로 자녀의 이름을 짓는다면 어떤 것일까? 행복한 결혼, 신속한 승진, 쌍둥이 낳기, 재정적인 안정, 위대한 인물 등과 관련된 이름일 것이다. 그러나 그와 같은 부정적인 감정은 실제로 하나님의 메신저가 되어 당신이 우상을 파악할 수 있게 한다. 이는 우상에게서 돌이키기 위한 필수적인 전제조건이다.

레아가 셋째와 넷째아들의 출생 어간에도 그러한 경험을 했을까? 레아가 더 나은 깨달음을 얻어, 비록 사신이 야곱의 사랑을 받지 못하지만 그보다 훨씬 더 중요한 그 무엇을 지녔다는 사실을 어느 정도 인식하게 되었을까? 아마도 그럴 것이다. 왜냐하면 넷째아들의 이름을 유다('찬송하다', 창 29:35)라 짓고서 "내가 이제는 여호와를 찬송하리로다"라고 말했기 때문이다. 잠시 레아의 사랑의 대상이 남편에게서 여호와께로 바뀐 것 같다.

라헬의 반응

레아가 우상숭배를 포기하는 것 같을 때, 라헬은 자신의 안전과 우상숭배에 이끌려 몹쓸 경쟁을 재개했다. 라헬은 언니의 다산으로 남편의 사랑이 언니에게로 향할까 두려웠다. 그러나 그러한 염려를 뒷받침할 만한 증거는 전혀 없다. 우상숭배는 그런 것이다. 그것을 유발하는 것은 이성이나 논리가 아니라 더 깊은 힘이다. 사실 자녀가 없는 라헬을 견딜 수 없게 만든 것은 불임 자체가 아니라 언니와의 경쟁이었다. 사라와 리브가는 라헬보다 훨씬 더 오래도록 불임 상태였으나 악감정을 보이지 않았다. 그들은 라헬처럼 가정 안에 같은 종류의 경쟁 상대가 있지는 않았다.

자신의 고통스러운 곤경에 라헬은 어떤 반응을 보였는가? 후에 한나가 실로에서 행한 것(삼상 1:2-11)과 달리, 라헬은 하나님 앞에서 울며 기도하지 않았다. 그 대신 화를 내며 터무니없는(불합리한) 요구를 야곱에게 들이댔다. "내게 자식을 낳게 하라 그렇지 아니하면 내가 죽겠노라"(창 30:1). 부부간의 갈등을 조성할 정도로 우상숭배의 마음을 노골적으로 드러내지는 않았다. 그런데 야곱은 어떤 반응을 보였는가? 이삭은 아내가 불임임을 알았을 때 아내 리브가를 위해 기도했고, 그 기도는 결국 응답되었다(창 25:21). 그러나 야곱은 기도하지 않고 화만 내는 아내에게 이렇게 반응했다. "그대를 임신하지 못하게 하시는 이는 하나님이시니 내가 하나님을 대신하겠느냐"(창 30:2). 온화하게 공감하며 유일하게 도울 수 있는 분께로 라헬의 관심을 돌리게 하지 않고, 야곱은 어깨를 으쓱대며 하나님께 비난을 돌릴 뿐이었다.

궁여지책

라헬의 좌절은 궁여지책을 채택하게 했다. 자녀를 얻기 위한 하갈 전략이 그토록 큰 혼란을 유발했음에도, 라헬은 다시 그 전략을 쓰기로 결심한다(창 16:1-2). 자기 대신 여종 빌하를 남편에게 보낸다. 그 사이에서 태어난 자녀가 법적으로 자기에게 속할 거라는 근거에서였다(창 30:3).

사람이 과거의 파탄 난 전략을 다시 쓰는 이유가 무엇일까? 심한 좌절에 빠지면 지푸라기라도 잡으려 하기 때문이다. 실제로 하갈 전략을 통해 라헬은 자신이 의도한 바를 이룬다. 여종을 통해 단과 납달리를 자기 아들로 얻는다. 이 두 아들에게 붙인 이름은, 라헬이 자기의 방법을 하나님이 인정하여 그런 긍정적인 결과가 나온 것으로 여겼음을 보여준다. 단은 '그가 심판하셨다'는 뜻이며, 이는 단의 출생이 라헬이 하나님께 옹호받았음을 뜻한다는 신념을 피력한 것이다(창 30:6). 그런가 하면 납달리('나의 투쟁', 창 30:8)라는 이름은 언니와의 싸움에서 승리했음을 나타낸다. 그러나 이 기사의 화자는, 창세기 30장에 나오는 다른 출생 사례와 마찬가지로, 그 출생에 하나님이 직접적인 역할을 하셨다고 전혀 언급하지 않는다. 하나님의 도우심을 받았다는 라헬의 주장은 지지를 얻지 못한다.

자신이 더는 임신하지 못하고 동생이 바짝 뒤쫓아 온다는 사실에 자극받은 레아는, 동생이 택한 것과 같은 전략을 선택한다. 자기 여종 실바를 야곱에게 들여보낸 것이다(창 30:9). 레아도 두 아들을 더 얻음으로써 이 전략이 성공하는 것을 보았다. 그리고 하나님의 은총이 레아에게 임했다는 표시로, 두 아들의 이름을 갓('행운', 창 30:11)과 아셀('행복한', 창 30:13)이라 짓는다. 그러나 이번에도 화자는 이 두 아들의 출생과 관련한 하나님의 직접적인 개입을 언급하지 않는다.

이 허접한 연속극의 최악의 장면은 다음에 이어진다. 레아의 아들 르우벤이 들에 나가서 다산과 관련된 식물 합환채를 발견한다

(창 30:14). 레아의 장남 르우벤은 가정에서 자기 어머니의 지위가 나아지면 더 많은 것을 얻을 수 있었기에 그 식물을 집으로 가져간다. 르우벤이 합환채를 구했다는 얘기는 금방 퍼져나갔고, 그 말을 들은 라헬이 곧바로 레아에게 가서 그것을 나눠달라고 요청한다. 레아가 그 귀한 식물을, 특히 자기 라이벌에게 나눠주기를 꺼린 것은 놀라운 일이 아니다. 그러나 라헬은 포기하지 않았고, 그날 밤 언니 레아가 야곱과 동침하는 대가로 합환채를 차지한다(창 30:15).

이들 자매의 쓰디쓴 경쟁은, 야곱이 아내와 한 몸을 이루는 친밀함을 거래하는 상품으로 볼 정도로 결혼관계를 값싸게 만들었다. 야곱은 팥죽 한 그릇으로 에서의 장자권을 차지하려 했을 때의 자신이 뿌린 씨를 거두고 있었다. 이제 야곱은 음식(합환채)과 거래되는 사람이다.

그러나 아이러니하게도 정작 임신한 사람은 임신을 위한 인위적인 도움을 포기한 레아였다. 이는 태를 여는 능력이 합환채가 아니라 오직 하나님께 있기 때문이다. 하나님이 레아의 부르짖음을 들으셔서 두 아들 잇사갈('값', 창 30:18)과 스불론('명예', 창 30:20)을 주신다. 그러나 레아는 하나님의 이 은혜의 선물마저 곡해한다. 레아가 잇사갈이라 부른 것은 자신의 여종을 남편에게 주는 우상숭배적인 지름길을 택한 데 따른 하나님의 상이라 믿었기 때문이다. 더 나쁜 것은, 스불론이라 이름 지음으로써 우상숭배를 하던 출발점으로 되돌아갔다는 것이다. "내가 남편에게 여섯 아들을 낳았으니 이제는 그가 나와 함께 살리라"(창 30:20). 상황이 변해도 그들의 상태는 여전했다. 죽어 매장했다고 생각하는 우상들이 틈만 나면 거듭 다시 모습을 드러낸다. 마치 뱀파이어처럼 우상들은 종종 죽은 채로 있기를 거부하는 것 같다.

그러나 하나님은…

마침내 하나님이 라헬을 기억하셨다(창 30:22). 물론 하나님이 라헬을 잊으신 것이 아니다. 그러나 라헬이 채워지기 전에 그녀의 자만심과 특권의식이 비워져야 했다. 야곱이 라헬을 위해 해줄 수 없었던 것, 합환채가 해줄 수 없었던 것을 마침내 여호와께서 라헬의 태를 열어 아들을 임신하게 하셨다. 여호와께서 라헬의 결핍과 공허함을 긍휼히 여기고 아들을 주셨다. 아들을 얻음으로써 언니에 대한 경쟁심이 약해졌다는 증거는 없지만, 라헬의 수치가 사라졌다. 요셉이라는 이름은 또 다른 아들을 여호와께 구하는 간청이었다(창 30:24). 적어도 이번에는 그녀의 요청이 적임사를 향한 것처럼 보이지만, 라헬은 하나님의 은혜를 입고서도 여전히 만족하지 않았다.

하나님이 어떤 사람을 기억하실 때는 창세기 8장에 나오는 대홍수의 전환점에서처럼, 하나님 편에서의 결정적인 개입이 있다. 적절한 때 하나님이 당신 백성의 삶에 결정적으로 개입하셨고, 그 결과가 요셉이었다. 요셉은 궁극적으로 모든 형제를 구원하도록 하나님께 쓰임받는다. 또 요셉의 출생은 야곱의 생각에도 결정적인 변화를 일으킨다. 라헬이 아들을 낳은 후에야 비로소 야곱의 마음이 고향으로 향했다는 것은 주목할 만하다. 야곱은 이미 다른 아내와 첩을 통해 열 아들을 얻었지만, 그들 중 누구도 야곱의 마음에 중요한 자리를 차지하지 못했다. 야곱으로서는 그 긴 세월 동안 기다려온 약속의 자녀가 요셉이었다. 야곱의 모든 희망이 요셉에게 집중되었다. 다른 자녀는 그에게 진정한 의미를 주지 못했다. 이러한 태도의 결과는 나중에 자기 가족을 상처 입히고 깨뜨리는 파괴적인 편애의 반복이 될 것이었다.

아마도 야곱은 영적인 이유로 요셉 편애를 정당화했을 것이다. 야곱의 유일한 참 사랑을 통해 처음 얻은 이 아들이 분명 약속을 지닌 자가 될 것인가? 그러나 야곱은 누구보다 더 잘 알았어야 했다. 비록 요셉이 형제들을 모두 구원하도록 하나님께 크게 쓰임받을 것이지만, 메시아는 레아의 아들 유다의 계보를 통해 오실 것이었다. 하나님은 사람을 보지 않으신다. 어리석은 자를 택하여 지혜로운 자를 부끄럽게 하시고, 약한 자를 택하여 강한 자를 부끄럽게 하신다. 더욱이 하나님은 우상숭배와 죄악 된 욕구를 사용해 자신의 완벽하며 거룩한 목적을 부단히 이루어 가신다.

창세기 30장 전체에 걸쳐 인간의 죄와 경쟁의식이 행동을 주도해 왔지만, 또 다른 차원에서는 하나님이 야곱을 수많은 자손들의 선조가 되게 하시려는 목적을 성취하셨다. 만일 야곱이 라헬과만 결혼하고, 속임수로 먼저 레아와 결혼하지 않았다면 열두 아들을 얻었을까? 만일 라헬과 레아가 쓰디쓴 라이벌 의식을 갖지 않고 자매간의 아름다운 우애를 지녔더라면 어떻게 되었을까? 이 시점에서 하나님의 계획 속에 있는 축복이 유다나 요셉에게 넘어가지도 않았을 것이다. 아브라함에게 주어진 약속을 위한 경주에 있어서는 한 사람의 승자와 열한 명의 패자로 나눠지는 것이 아니었다. 심지어 이삭도 야곱을 축복하면서 선언했듯(창 28:3), 이제 하나님의 축복의 통로가 확장되고 있었다. 하나님은 야곱을 민족으로 만들고 계셨으며, 그 아내들의 야비한 술책마저 야곱에게 많은 아들을 주고자 하시는 하나님의 목적을 이루는 섭리적 방편이 되었다. 야곱 생애의 말년에, 야곱은 자기 아버지와 달리 여러 아들 중 하나만 택할 필요가 없었다. 야곱의 아들 전부가 나누기에 충분한 축복이 있었다(창 48-49장). 물론 레아와 라헬이 하나님의 영광을 추구함에 있어 처음부터 조화롭게 협력했더라면, 많은 일이 더 수월했을 수 있다. 많은 고통을 피할 수 있었을 것이다. 그러나 그들의 완악하고 이기적인 전략으로 하나님의 계획이 결코 좌절되지는 않았다. 반대로 하나님은 그들의 죄를 통해 선한 목적을 이루셨다.

또 다른 이름

야곱의 광야 세월과 가정 내에서의 경쟁은 야곱의 생애에서 무엇이 핵심이었는지 알려준다. 아브라함이 믿음의 본을 보인 사람이라면, 야곱은 은혜가 무엇인지 보여준 사람이다. 야곱 안에서 하나님의 사랑이 추한 죄인에게로 확장되었고, 벧엘에서 그에게 큰 약속이 주어졌다. 그의 됨됨이 때문이 아니라 그의 추악함에도 그리되었다. 여러 가지 고통스러운 경험을 통해 이 동일한 사랑이 그의 마음을 점차 변화시켜 그를 예전과 다른 모습으로 만들었다. 야곱은 영웅이 아니며, 그의 가족 역학은 본받을 만한 모델을 제시하지 않았다. 이 이야기의 메시지는 '레아가 되는 법을 배우라' '라헬이 된 것을 기뻐하라' 또는 '야곱이라면 어떻게 할지 자문하라'가 아니다. 그런 의미에서 레아와 라헬과 야곱은 믿음의 위인이 아니며 정반대다. 그들은 우리 같은 사람이다. 서로 싸우며 경쟁하는 우상숭배자요, 입으로 여호와의 이름을 부르지만 다른 보화를 추구하느라 매일 자신의 마음과 삶을 바치는 사람들이다. 그러나 히브리서 11장에 수록된, 믿음으로 구원받은 자의 명단에 결국 야곱도 들게 된다. 그 이유가 무엇일까? 우리의 하나님이 실패자를 구해내며, 절망적인 상황에서 건져내는 일에 전문이시고, 처음부터 약속하신 바를 정확히 그들의 삶에서 이루셨기 때문이다.

우리 모두를 위한 궁극적인 해결책은 레아나 라헬의 가문에 속하는 것이 아니다. 그 해결책은 또 다른 이름, 야곱의 궁극적 후손, 참 이스라엘이신 예수님 안에서 찾을 수 있다. 그분은 하나님의 독생자로 천사가 알려준 이름에 걸맞는 삶을 사셨다. "이름을 예수라 하라 이는 그가 자기 백성을 그들의 죄에서 구원할 자이심이라"(마 1:21). 사도행전 4장 12절에서 베드로가 선언했듯, 이 이름은 우리가 구원을 얻을 수 있게 하는 유일한 이름이다. 그는 절망에 빠진 자에게 소망을 주고, 지친 자에게 안식을 주며, 실패자에게 새 삶을 주시는 분이다. 우상숭배에 빠져 절망적인 상황에 처했던 레아나 라헬 같은 자에게도 생명을 주신다.

예수님이 그렇게 하시는 것은 우리의 가족으로 태어나 우리를 대신해 흠 없는 삶을 사셨기 때문이다. 예수님은 결코 과욕이나 우상숭배로 근심하거나 화내지 않으셨다. 우리가 종종 보이는 모습과 달리, 예수님은 자기 외모나 안락함이나 인간관계나 재정적인 안정에 마음을 뺏기지 않으셨다. 그 대신 범사에 아버지의 나라를 우선시하셨다. 그러나 십자가에서 예수님은 우리의 모든 질투와 불안, 우리의 모든 그릇된 욕망와 과욕, 우리의 모든 자기중심적인 소망과 꿈으로 인해 최악의 우상숭배자 취급을 당하고 정죄받아 죽으셨다. 그 결과 이제 우리는 그분을 신뢰하여 하나님의 사랑받는 자녀로서 하나님 앞에 설 수 있으며, 예수님의 이름으로 나아가 환영받는다. 예수님은 "내게 자녀를 주지 않으면 내가 죽겠나이다"라고 하지 않으시고, "아버지여, 이 아들과 딸들을 당신께로 이끌기 위해 내가 죽었나이다"라고 하신다. 이 땅에 살면서 줄곧 우리는 우리 마음속에 소중히 여기는 우상숭배에 대항해 싸우기도 하고 그것에 굴복하기도 할 것이다. 주께서 그것들로부터 우리를 구하시기도 하고, 아직 자각하지 못하는 우리의 다른 우상을 드러내기도 하신다. 그러나 주께서 그렇게 하실 때, 우리는 그 모든 죄악 된 생각과 두려움과 행동마저 그분의 완벽한 선하심에 덮임으로써, 우리가 그의 은혜 가운데 받아들여져 하나님 앞에 설 수 있다는 사실을 거듭 상기할 필요가 있다. 그리스도의 흠 없고 완벽한 예배에 대한 기록이 우리에게 주어졌다. 할렐루야! 이 얼마나 놀라운 구주신가!

그의 백성을 위해 그토록 놀라운 구원을 이루신 결과, 예수님은 마땅히 가장 높은 곳으로 오르셔서 모든 것 위에 뛰어난 이름을 받으셨다(빌 2:9). 그의 영화로우신 이름은 모든 찬양과 경배를 받기에 합당하다. 모든 무릎이 그분 앞에 꿇릴 것이며, 예수 그리스도가 하나님 아버지께 영광이 되는 주님이심을 모든 혀가 고백할 것이다. 모든 피조물이 찬양의 노래에 동참할 것이다. 그러한 복음의 좋은 소식이 매주일 우리가 드리는 경배의 핵심을 이루며 영원히 예배하도록 우리 마음을 고무시킬 것이다.

생각해 볼 문제
FOR FURTHER REFLECTION

1 하나님은 사랑스럽지 않고 사랑받지도 못하는 자들에게 특별
한 관심을 기울이신다. 우리 교회와 삶에서 어떻게 그 같은 관
심을 보일 수 있을까?

2 레아와 라헬이 자녀에게 붙인 이름은 그들의 우상숭배를 드러
냈다. 우리를 우상숭배로 이끌 단서를 우리가 어떻게 규명할
수 있을까?

3 만족되지 못한 우상숭배가 어떻게 축복일 수 있을까? 당신도
그런 경험을 한 적이 있는가? 어떤 식으로 경험했는가?

4 라헬의 우상숭배와 레아의 우상숭배에 대한 하나님의 응답은
무엇인가?

5 하나님은 그 같은 심각한 우상숭배자들을 통해 자기의 목적을
어떻게 이루시는가?

Chapter

07

화내지 말고 되갚아주라

_ 창세기 30:25–31:55

황금률은 두 가지 형태로 이해된다. 기독교적으로 옮기면 이러하다. "무엇이든지 남에게 대접받고자 하는 대로 너희도 남을 대접하라." 세속적인 방식으로 옮기면 이러하다. "무엇이든지 남들이 네게 하는 대로 그들에게 행하되 갑절로 하라." 혹은 더 간명하게 표현하면 "화내지 말고 되갚아주라"다. 당신이 직장에서 해고당할 때, 감시자들이 와서 책상 정리하는 당신을 지켜보며 사무실 건물에서 나갈 때까지 당신을 따라다니는 것도 바로 그 때문이다. 그들은 당신이 무슨 곤란한 일을 저지를까봐 우려한다. 회사 컴퓨터 시스템에 버그를 일으키거나 일부러 커피머신을 부서뜨릴까봐 염려하는 것이다. 직원에게서 너무 많이 뜯어내고 그를 너무 무리하게 밀어붙이는 것은 위험한 일이다. 그 직원이 야곱 같은 사람이라면 특히 그렇다. 여기서 우리는 속이는 사람과 속이는 사람 사이의 볼썽사나운 다툼의 전형적인 사례를 본다. 상대를 서로 능가하려는 라반과 야곱의 다툼이다.

힘든 거래

그 거래는 분명 간단하게 시작되었다. 자기가 사랑하는 아내 라헬이 아들을 낳았으므로, 야곱은 고향으로 돌아가고 싶은 마음이 간절해졌다. 레아나 첩을 통해 얻은 아들은 사실상 중요하지 않았다. 야곱은 요셉을 참된 상속자로 여겨 가족과 함께 약속의 땅으로 돌아가기를 원했다(창 30:25). 그러나 라반은 그를 붙들어두고 싶었는데, 이는 가족으로서 배려가 아니라 사업적인 동기에서였다. 라반은 야곱을 곁에 두는 것이 사업에 유익하다는 것을 경험했다. 그는 여호와께서 야곱으로 인하여 그에게 복 주셨음을 점술로 알게 되었다고 말한다(창 30:27). 그래서 관대함을 가장해 야곱에게 품삯을 정하라고 제안한다.

야곱은 라반의 제안에 곧바로 답하지 않는다. 아마도 지난번에 라반이 품삯을 정하라고 그에게 제안했을 때 무슨 일이 있었는지 기억하고 있었을 것이다(창 29:15). 그 당시 야곱은 결국 부당한 대우를 받았다. 야곱은 즉각적인 답을 미루고, 자기의 노력과 하나님의 개입으로 라반의 가축이 늘어난 사실을 강조한다(창 30:29-30). 라반에게 이처럼 대응하면서, 야곱은 "외삼촌이 아시나이다"(창 30:29)라는 말을 강조한다. 이는 점술이 굳이 필요하지 않았음을 시사한다. 라반의 번영 비결에는 신비한 것이 전혀 없었다. 상식적으로 생각해도, 야곱을 붙들어둘 만한 가치가 있음을 알 수 있다. 그러나 야곱은 엄청난 수고를 했음에도 아무것도 얻지 못했다. 야곱이 자기 가족의 유익을 돌아볼 기회는 언제 올 것인가(창 30:30)?

라반은 자기의 제안을 부드럽게 반복한다. "내가 무엇으로 네게 주랴"(창 30:31). 아마도 야곱은, 지난번 라반에게서 받은 선물(라헬 대신 레아)을 생각하고서, 라반이 선물한 말이 트로이 목마가 아닌지 철저히 점검할 필요를 느꼈을 것이다. 야곱은 라반에게서 뭔가 받기를 원치 않는다고 말했다. 야곱은 자기가 이룬 것의 일부를 모을 수 있기를 원했다(창 30:32). 야곱이 라반에게 제안한 것은, 그 세부 내용에 대해서는 예로부터 주해가들의 논란이 분분하지만, 대체적으로 간명하다. 사실 야곱은 가축 중에서 특이한 색의 가축을 원했다(검은 양과 아롱지거나 점 있는 염소의 수는 자연히 적을 터였다). 나머지는 모두 라반의 차지가 될 것이다. 그것은 공정한 거래처럼 보였다. 통계적으로 말하면, 야곱에게 속할 가축은 작은 비율에 해당할 것이다. 가축이 많아지면 둘 다 이득을 보고, 가축이 적어지면 둘의 이득이 모두 줄어들 것이다. 색을 기준으로 삼으면 가축을 나누기가 쉬워 서로 분쟁 없이 각자의 몫을 확인할 수 있을 터였다.

라반이 통계에만 맡길 의도가 없었다는 것이 문제였다. 야곱의 제안에 담긴 모호함, 즉 처음부터 특이한 색의 가축을 누구의 소유로 간주할지에 대한 물음 같은 세부내용의 모호함은 라반 같은 사기꾼에게는 거부할 수 없는 좋은 기회였다. 마치 능숙한 고문변호사처럼, 라반은 자신에게 이로운 방향으로 해석할 수 있는 그 애매한 계약서에 서둘러 서명한다(창 30:34). 야곱이 무엇인가 궁리할 기회를 얻기 전에, 곧바로 라반은 야곱의 것이 될 만한 가축을 자신의 아들과 함께 모조리 분리하여, 야곱이 치는 가축 떼에서 사흘 길쯤 떨어진 곳에 감춘다(창 30:35-36). 멍청한 조카를 다시금 궁지에 몰아넣은 자기의 영리함을 생각하며 그는 낄낄거렸을 것이다. 특이한 색을 지닌 짐승이 모조리 없어졌으므로, 야곱에게 돌아갈 것은 나오기 힘들 것이다.

그러나 야곱은 순순히 패배하지 않았다. 야곱은 나뭇가지를 활용하는 이상한 선발번식법 같은 복잡한 전략으로 대응했다(창 30:37-42). 어떤 주해가들은 이 모든 과정의 이면에 과학적인 방법이 있다고 주장하지만, 합환채 경우처럼 이 계략의 배경은 과학보다는 미신이었을 것이다. 어쨌든 결과는 야곱이 라반을 이용해 부를 얻었다는 것이다. 기만적인 라반이 자기가 마련한 게임에서 허를 찔렸다. 20년 전 야곱이 처음 밧단아람에 도착했을 때 그의 마음을 끈 두 가지, 즉 라헬과 가축들이 오랜 복잡한 투쟁을 거쳐 마침내 야곱의 것이 되었다.

야곱이 아내를 얻으려 한 것과 마찬가지로, 노동의 정당한 대가를 얻고자 하는 과정에도 믿음이나 기도는 없다. 야곱은 세상에서 자기의 방법으로 부를 얻기 원했으며, 자기가 충분히 그렇게 할 수 있다고 생각했다. 물론 그런 면에서 우리 대부분과 같다. 문제에 직면할 때마다 하나님께 의탁하지 않고, 그 문제를 해결하기 위해 영리한 전략을 모색하는 것이 우리의 본능이다. 죄의 유혹을 받든, 개인적인 문제나 깨진 인간관계나 충족되지 않은 욕구에 압도되든, 곧바로 우리는 자신이 할 수 있는 계책을 모색한다. 그런 접근법의 문제는 야곱의 전략이 그러하듯, 설령 그것이 문제해결에 도움이 되더라도 하나님과 복음에 대한 자신의 불신이라고 하는 더 깊은 죄를 확인시켜줄 뿐이라는 것이다. 자기구원(self-salvation) 전략은 하나님을 의지하며 신뢰하는 것과 정반대다. 자기의 결함과 연약함과 실패와 죄를 하나님의 은혜에 더 깊이 의지하는 기회로 여기지 않고, 우리는 하나님 없이 자기 힘으로 해결하기 위해 더욱 애를 쓴다.

고향을 향한 열망

외삼촌과의 재치 싸움에서 거둔 야곱의 승리는 대가를 수반한
다. 라반 가족과의 좋은 관계를 잃게 된 것이다. 창세기 기자는 비꼬
는 듯한 어투로 "야곱이 라반의 안색을 본즉 자기에게 대하여 전과
같지 아니하더라"(창 31:2)고 말한다. 참으로 적절한 묘사다. 그것은
당연한 결과다. 기만은 언제나 쓰디쓴 잔재를 남긴다. 갑자기 야곱
이 약속의 땅으로 돌아갈 마음을 먹은 것은 놀라운 일이 아니다.

그러한 충동이 어디서 비롯되었을까? 첫째, 나빠진 관계에서 비
롯되었다. 야곱은 자기를 대하는 라반의 태도가 예전 같지 않음을
보고 떠날 생각을 하기 시작했다. 우리는 삶의 특정한 국면에서 안
락해지면, 마치 이 세상이 고향인 것처럼 정착해 뿌리를 내리려 한
다. 만일 라반과의 관계가 모든 면에서 순조로웠다면, 야곱은 밧단
아람을 결코 떠날 수 없었을 것이다. 그런데 힘든 시기가 찾아오자
고향을 생각하기 시작했다.

보통 그런 현실을 싫어하지만, 우리 삶에도 동일한 힘이 작용할
수 있다. 언제나 우리는 좋은 인간관계로 행복하게 지내는 순조로

운 삶을 원한다. 그러한 삶이 되기를 기도하며 모색한다. 우리 삶이 잔잔한 바다를 지나는 순조로운 항해가 되도록 하나님께 간구한다. 그러나 때로 하나님은 우리의 안락함이 무너지는 상황을 통해, 우리의 관심을 돌이켜 새로운 차원의 순종으로 이끄시는 것을 최선의 방편으로 사용하신다.

　석유회사에서 일할 때, 나는 굳이 나를 필요로 하지도 않고 내가 할 일도 없는 부서에 배치되었다. 그래서 무려 3개월 동안 종이 클립을 펴는 일과 다른 단조로운 일을 했다. 지겨움에 지친 나는 도대체 내가 무엇을 하고 있는지 의문을 품었고, 단기적인 임무라도 내 엔지니어링 기술을 활용할 기회를 엿보게 되었다. 9개월 후 나는 한 기독교 라디오 방송국과 병원에서 전기기사로 일하기 위해 서아프리카로 향하는 비행기를 탔다. 아이러니하게도 내가 아프리카로 떠날 때쯤, 그 석유회사는 나더러 다른 프로젝트에서 일하라고 발령을 냈으며, 그 프로젝트에서 나는 훨씬 더 큰 자극과 만족감을 느꼈다. 만일 더 이른 시점에 그 프로젝트에 배치되었다면, 나는 해외로 갈 생각을 전혀 할 수 없었을 것이다.

섭리 이해(또는 곡해)

물론 우리는 섭리를 곡해하기 쉽다. 지겨움이나 고통이 우리더러 움직이라고 말씀하시는 하나님의 일관된 신호는 아니다. 때로 하나님의 계획은 낙심과 곤경 가운데서도 믿음으로 인내하게 하는 것이다. 그러나 야곱의 경우 일체의 의심을 제거하기 위해 하나님이 꿈을 통해 분명히 지시하신다(창 31:10-13). 하나님은 야곱에게 짐을 꾸려 고향으로 돌아갈 때라고 말씀하셨다. 야곱이 벧엘에서 하나님을 처음 만난 것도 꿈에서였는데(창 28:12), 이제 그러한 형태의 인도하심이 갱신되었다. 신약 신자인 우리의 상황에서, 우리는 일반적으로 그런 형태의 계시가 필요하지 않다. 하나님이 성령을 교회에 부어주셨기 때문이다. 지혜로운 조언과 방향을 교회를 통해 제공하시는 성령께서, 섭리를 정확히 해석하는 데 필요한 모든 지침을 우리에게 제공하신다. 또 하나님은 창세기 30장에서 야곱이 모색했던 온갖 복잡한 전략이 그에게 아무런 유익도 주지 않았음을 꿈에서 분명히 알려주신다. 과학에 근거했든 아니면 미신에 근거했든, 그를 부유하게 만든 것은 그의 영리한 계획과 힘든 수고가 아니라 하나님의 축복이었다. 그가 번영한 것은 하나님 곧 벧엘에서 만난 하나님이 그와 함께하시며 그를 축복하리라고 말씀하신 약속을 이루셨기 때문이다(창 31:10-13). 만일 하나님께 그를 위한 계획이 없었다면 야곱의 계획은 결코 성공을 거두지 못했을 것이다.

이는 우리에게도 중요한 교훈이다. 우리는 자신의 영리한 생각과 전략(어떤 경우에 그것은 야곱이 사용한 것보다 훨씬 더 무모하다)을 의지하기 쉬우며, 자기의 번영과 성공을 그런 것 덕분으로 여기기 쉽다. 직업적으로 성공하거나 주식시장에 성공적으로 투자했을 경우, 우리는 자기의 사업적 통찰력 덕분에 성공했다고 생각한다. 행복한 결혼관계를 유지하거나 순종적인 자녀로 양육했을 경우, 우리는 자기의 탁월한 관계 맺는 기술 덕분이라고 생각한다. 더욱 성화된 모습으로 자라가거나 교회 사역이나 프로그램을 성공적으로 감당할 때도, 우리는 자기의 장점에서 그 원인을 찾으려는 유혹에 쉽게 빠져든다. 기독교 서점은 우리의 영적 삶을 계발하거나 교회가 성장하도록 보증해 주는 아이디어와 공식으로 가득하며, 좋은 약부터 엉터리 처방까지 다양하다. 그러나 성경은 주께서 집을 세우지 아니하시면 우리의 모든 수고와 재능과 노력이 헛될 것임을 상기시킨다(시 127:1). 파수꾼이 자기 임무를 수행하여 철저히 파수할지라도, 만일 주께서 성을 지키지 아니하시면 그들의 신실한 수고가 헛될 것이다. 일이 잘 풀릴 때, 우리는 목표를 이루게 한 것이 자기의 영리함이라고 재빨리 단정한다. 터무니없는 생각이다! 하나님은 우리를 통해 목적을 이루시며, 모든 찬사를 받아 마땅하시다.

사실 하나님은 야곱의 죄악 된 자기구원 전략마저 사용하셨다. 야곱은 자기가 하는 일에서 하나님을 생각하지 않았지만(야곱은 자기 노력으로 라반을 이기려 했다), 하나님은 은혜롭게도 약속하신 복을 그에게 주셨다. 하나님은 그분의 사랑에 따른 은혜로운 목표를 이루기 위해 싫어하시는 죄마저 이용하실 수 있다. 우리 삶에서도 마찬가지다. 하나님은 직업을 통해 우리 자신의 영광을 확보하려는, 또 완벽한 자녀로 양육해 우리의 가치를 높이려는 죄악 된 추구를 이용해 자신의 영광스러운 목적을 이루시며, 그 과정에서 우리를 겸손하게 하신다. 하나님은 언제나 원하시는 바를 얻으시며, 심지어 그분의 백성이 죄악에 빠져 영적으로 죽은 상태에 있을 때도 그렇게 하신다.

야곱의 상황에서, 하나님은 야곱을 축복하시며 그와 함께하실 거라는 약속을 신실하게 이루고 계셨을 뿐 아니라, 라반에게 교훈을 베푸시며 야곱을 심판 도구로 사용하고도 계셨다(창 31:12). 여호와께서 야곱에게 하신 말씀은 "라반이 해온 바를 보았고, 내가 너를 구원하기 위해 개입하였노라"는 것이다. 야곱은 라반이 법적인 허점을 이용해 결국 이길 거라는 두려움을 가질 필요가 없었다. 한때 시인이 노래했듯이,

비록 하나님의 맷돌은 천천히 돌아가지만

결국에는 철저히 잘게 갈아버린다.[3]

당신은 아는 사람의 교묘한 술책으로 결국 당신이 해를 입을까 두려워하는가? 어쩌면 그는 속임수에 능하고 교활할 것이다. 그는 모든 힘을 가졌고, 당신에게는 상황을 바로잡을 힘이 전혀 없다. 아마 그 사람은 법적 시스템이나 자기의 지위로 보호받거나, 워낙 언변이 유창해 무슨 일이든 교묘하게 처리할 수 있을 것이다. 이런 상황이라면 참으로 낙심되지 않겠는가? 그러나 두려워하지 말라. 하나님 앞에서 무엇이든 교묘히 처리할 수 있는 사람은 아무도 없다. 우리는 하나님의 시간에 하나님의 방식으로 문제가 해결되도록 그분의 손에 안전하게 맡길 수 있다.

라반을 떠남

떠나는 것은 하나님의 때에 합당했지만, 떠나는 방식은 순전히 야곱 식이었다. 야곱은 라반에게 아무것도 빚지지 않았다. 야곱은

---

3   Henry Wadsworth Longfellow, "Retribution," 1845.

떠나라는 하나님의 부르심과 보호에 대한 약속을 받았다. 그럼에도 도망자처럼 몰래 빠져나갔다(창 31:20). 야곱은 사적인 대화를 나누기 위해 아내들을 들판으로 불러 모았다. 거기서 야곱은 그들 앞에 놓인 상황을 알려주었는데, 이는 결국 둘 중 하나를 택하게 한 것이다. 야곱과 함께할 것인가, 아니면 아버지 라반과 함께할 것인가? 라헬과 레아는 야곱과 함께하는 편을 택했다. 물론 그렇게 결정한 데는 로맨틱한 관계보다는 재정적인 계산이 더 많이 작용했다. 여기서 룻과 나오미 같은(룻 1:16-17) 변함없는 사랑과 헌신에 대한 선언은 보이지 않는다. 라헬과 레아는 아버지와 함께하면 미래를 보장받을 수 없다고 생각했다. 아버지는 그들을 재산 품목처럼 여겼고, 14년간의 노동에 대한 대가로 그들을 야곱에게 팔았다(창 31:14-16). 야곱을 따르기로 마음먹긴 했지만, 아버지가 맺어준 사람이 탁월한 배필이라고 생각하지는 않은 것 같다.

라헬은 빈손으로는 집을 떠나지 않기로 결심한다. 라반이 양털을 깎으러 집을 비운 사이, 라헬은 라반 가정의 우상을 가지고 도망친다(창 31:19). 라헬이 은이나 보석처럼 팔기 쉬운 것 대신 가정 우상에 마음이 끌린 이유가 무엇일까? 라헬은 자기의 모든 열악한 처지가 개선되기를 원한 것 같다. 예전에 자기 남편이 축복을 훔쳤듯 집안 신을 훔침으로써 (이교적인) 축복을 얻을 거라고 생각했다. 이미 라헬은 인위적인 방법으로 임신하기 위해 미신을 동원한 적이 있다(창 30:14). 그러나 그것이 목표였다면 라헬의 계획은 역효과를 냈다. 그 우상을 찾으러 라반이 추격함에 따라, 그것은 그들의 여행에 쓸모없고 위험한 물건이 되었다(창 31:30-32). 후에 그 우상은 다른 우상들과 함께 세겜의 상수리나무 곁에 쓰레기처럼 묻힌다(창 35:2-4).

유사한 것에 마음이 끌려 우리 삶이 혼란스러워지는 경우가 얼마나 많은가? 우리는 인생 여정에서 우리를 짓누르며, 결국에는 좀먹거나 녹슬거나 도둑맞거나 쓰레기 매립지에 묻히고 말 것과 쉽게 사랑에 빠진다. 이런 것이 우리 시대의 가정 우상이다. 우리는 옷, 자동차, 휴대폰, 돈 ⋯ 그리고 인간관계나 신분, 성적 같은 것에 각별한 가치를 둔다. 영구적으로 존속될 수 없는 보물에 우리가 그토록 큰 의미를 부여하는 이유는 무엇일까? 라헬처럼 우리도 그러한 것이 우리에게 유익을 줄 거라고 생각하기 때문이다. 결국 그것은 우리의 우상이므로, 우리의 자기구원 전략의 본질적인 부분에 해당한다. 우리는 그것을 택하고 지니고 다니며, 그것이 우리 삶을 순조롭고 의미심장하게 함으로써 우리에게 복을 줄 거라 믿는다. 우리는 그것 없이는 살 수 없다고 생각하지만, 얼마 지나지 않아 자기가 원하든 원하지 않든 그것과 결별해야 한다. 그날이 언제든 그날에는 우리 보화의 진면목이 드러나며, 하늘에 쌓인 보화만이 영원히 존속될 것이다(마 6:19-21). 우리가 그토록 의미를 부여하던 것들이 모조리 우리를 실망시키며 우리를 주저앉게 만들 것이다.

라헬은 자기가 지상의 미래를 신중하게 생각하고 있다고 생각했다. 그러나 라헬의 행동은 고모인 리브가와 얼마나 다른가! 리브가는 라반 가족으로서 받을 몫을 포기하고 아무것도 갖지 않은 채, 미지의 미래를 위해 믿음으로 약속의 땅을 향해 떠났다. 라헬은 동일한 약속을 물려받기 위해 야곱과 함께 그 약속의 땅으로 가고 있었다. 그러나 라헬은 플랜B를 갖기 원했다. 일이 제대로 풀리지 않을 경우에 쓸 자그마한 보험용이었다. 리브가가 믿음의 인물이라면, 라헬은 우리 같은 모습이지 않은가? 라헬처럼 우리도 모순덩어리다. 라헬처럼 종종 우리도 올바른 방향으로 가면서도 엉뚱한 짓을 한다. 우리처럼 라헬에게도 믿음이 있었지만, 그 믿음은 걸핏하면 불신으로 인해, 혹은 자기의 영리함으로 자기 운명을 조정할 수 있다는 아집으로 인해 억눌렸다. 라헬은 야곱 못지않은 사람이었다. 그런 가족에게 소망이 될 수 있는 것은 오직 은혜뿐이다.

어색한 작별

라반이 마침내 야곱과 그 가족을 따라잡았을 때, 하나님이 다시금 은혜롭게 개입하셨다. 하나님이 라반의 꿈에 나타나 야곱을 건드리지 말라고 경고하신 것이다(창 31:24). 그래서 라반이 야곱을 따라잡았을 때 화난 장면 그 이상은 없다. 야곱에게 라반이 처음 불평한 내용은 야곱이 떠난 방식에 대해서였다. 만일 야곱이 떠나야 했다면, 자신이 베푸는 근사한 송별파티가 있어야 했다고 라반은 말한다. 물론 라반의 말이 옳다. 외삼촌이 야곱을 약속의 땅으로 보내는 형식이어야 했다. 그러나 만일 떠나겠다는 야곱의 요청을 라반이 쉽게 받아들였을 거라고 믿는다면, 나는 당신에게 애리조나주 바닷가에 인접한 부동산에 투자해 보라고 말하고 싶다.

이어 라반은 자기의 분실된 우상에 대해 말한다. 라헬의 절도 사실을 몰랐기 때문에 야곱은 억울하다는 식으로 대꾸한다. "외삼촌의 신을 누구에게서 찾든지 그는 살지 못할 것이요"(창 31:32). 그 말에 비추어, 라헬의 장막까지 수색이 진행되는 동안 우리는 숨을 죽인다. 그러나 염려할 필요가 없다. 라헬은 야곱이나 라반보다 더 교활했다. 라헬은 그 우상을 낙타 안장 아래 넣고 그 위에 앉는다(창 31:34).

그 결정적인 곳을 라반이 수색하지 못하도록, 라헬은 '여성의 관행'(역자 주, the manner of women-NKJV)으로 인해 자신이 낙타에서 내리지 못한다고 말한다(창 31:35). 이것은 대체로 생리를 가리키는 것으로 이해되지만, 고대의 여성이 생리 중에 침상에 누워 일어서지 못할 정도로 현대 여성보다 더 힘들어했던 것은 아니다. 아마도 라헬이 베냐민을 임신하고 있었다는 사실을 암시했을 것이다. 어렵게 임신했다면 안장에서 일어설 수 없다고 말할 만도 했을 것이다. 그 변명의 정확한 근거가 무엇이든, 그것은 아버지의 수색에서 벗어나게 하기에 충분했다. 그러나 비록 우상이 그 자리에서 발견되지는 않았지만, 야곱의 저주는 예언적이었다. 몇 달 내에 라헬은 베냐민을 낳다가 죽는다(창 35:16-18). 그 우상이 라헬에게 준 것은 고통뿐이었다.

하나님을 맹세의 대상으로 택함

온갖 악조건에도 불구하고, 그리고 야곱의 속임수와 라반의 속임수에도 불구하고, 결국 그들은 평화롭게 결별했으며 그들 간에 약조를 맺는다. 이 약조는 그들의 관계가 변했음을 나타내는 표였다. 그들은 더 이상 고용주와 고용인 또는 후원자와 피보호자가 아니라 서로 동등한 관계였다.

끈질긴 은혜에 붙들린 삶

그러나 그 조약이 체결된 방식에도 공평하지 않은 면이 있다. 라반은 자신의 종교적 이해에 따라 아브라함의 하나님(또는 신들)과 나홀의 하나님(또는 신들)의 이름으로 맹세했다(창 31:53). 복수형 히브리어 동사가 알려주듯, 라반은 이 권위를 별개의 복수(plural) 신이라 생각했다. 라반의 신은 언제든 자신에게 도움을 준다고 생각되는 신들이었던 것 같다. 그는 할머니와 할아버지의 신들, 자신의 문화권에서 두루 섬기는 신들의 이름으로 맹세했다. 그러나 야곱은 아브라함의 아들이자 자신의 아버지인 이삭의 하나님의 이름으로 맹세했다. 그의 아버지 이삭이 경외하던 분(창 31:53), 벧엘에서 경험한 하나님, 항상 그를 지켜보시는 하나님의 이름으로 맹세했다(창 31:42).

아마도 이 하나님은 아직은 온전히 야곱의 하나님이 아니었을 것이다. 야곱의 하나님 경험은 아직 완료되지 않았다. 그러나 적어도 야곱은 실제적으로 역사에 개입하시는 하나님을 인식했다. 아브라함을 불러 고향을 떠나 약속의 땅으로 가게 하신, 그 약속을 이루기 위해 이삭을 택하신, 그리고 그 약속된 축복을 간직하게 하기 위해 야곱을 부르시고 그의 여정에 함께하신 하나님을 야곱은 따랐다. 그 부르심은 가볍게 여길 수 있는 것이 아니었고, 하나님과의 관계도 우호적 평등의 관계가 아니었다. 그 하나님은 경외케 하시는 하나님이다. 따라서 그분의 적절한 칭호는 '이삭이 경외한 분'이다. 야곱의 하나님 인식은 외삼촌 라반보다 훨씬 더 개인적인 경험이었다.

당신은 어떠한가? 당신은 할아버지와 할머니의 신, 우리 문화권에서 두루 섬기는 유교 - 기독교식의 신인가? 당신은 결혼식, 장례식 또는 병상 같은 위기나 엄숙한 상황에서만 그 신을 부르는가? 아니면 예수 그리스도 안에서, 결정적으로 그리고 개인적으로 역사 속에 임하신 하나님을 섬기는가? 당신은 우리 개개인을 회개케 하시며 우리의 삶을 그분에게 헌신케 하시는 하나님을 따르는가? 당신은 아브라함이 이삭을 제단에 바쳤듯, 당신의 사소한 야심을 포기하고 모든 것을 하나님의 제단에 바치며 그분에게 전적으로 헌신하는가? 당신은 하나님을 경외하기에 충분할 정도로 성경에서 알려주는 하나님을 잘 알고 있는가? 잠언은 "여호와를 경외하는 것이 지식의 근본"(잠 1:7)임을 우리에게 알려준다. 당신은 값비싼 대가를 치르고라도 하나님을 섬기며 순종할 만큼 이 하나님을 경외하는가?

놀라우신 위엄과 거룩하심으로 인해 우리가 경외하는 하나님은, 놀라우신 은혜로 우리가 사랑하는 하나님이기도 하다. 하나님은 경외의 대상일 뿐 아니라 사랑의 대상이기도 하다. 그분은 자기 삶을 온전히 그리고 전적으로 헌신하는 사람과는 거리가 먼, 타협적이며 명예를 더럽히는 야곱과 라헬에게도 변함없는 사랑과 신실하심을 보이시는 은혜의 하나님이다. 하나님의 은혜는 우리의 삶에서도 분명히 드러난다. 우리가 가는 곳마다 자기의 개인적인 가정 우상을 줄곧 짊어지고 다님에도 불구하고, 하나님은 줄곧 우리를 서서히 성회되어 가게 하신다. 우리가 이 은혜로우신 하나님을 사랑하는 것은, 그분이 우리 주 예수 그리스도의 하나님과 아버지이심을, 믿기 힘든 은혜로 자기 아들을 내어주신 분임을 분명히 알게 되었기 때문이다. 십자가에서 하나님의 무서운 진노와 풍성한 자비가 만난다.

아무것도 갖지 않고서 광야로 나갔다가 하나님의 축복으로 부유해진 야곱과 달리, 주 예수님은 우리를 위해 하늘의 영광을 뒤로 하고 아무것도 갖지 않은 채 죄로 더럽혀진 이 세상의 광야로 나가셨다. 거기서 이 세상의 온갖 유혹과 시련에 직면하면서도 기만과 속임수를 쓰지 않으셨고 우상을 쌓지도 않으셨다. 십자가에서도 자신을 구원하려 하지 않고, 우상숭배와 기만과 속임수로 인해 그리고 마땅히 하나님을 두려워하며 경외해야 함에도 그러지 못한 우리의 실패로 인해, 우리가 받아 마땅한 하나님의 진노와 저주를 대신 당하셨다. 그 십자가에서 하나님은 가장 큰 희생, 자신의 사랑하시는 독생자의 희생이 있게 하셨다. 그 이유가 무엇일까? 야곱이나 라헬 같은, 우리같이 길 잃고 방황하는 자들로 하여금 죄 사함 받고 풍성한 생명을 얻게 하기 위함이다. 그리하여 우리의 죄가 예수께 전가

되어 단번에 사해졌으며, 그의 의가 우리에게 선물로 주어져 우리가 하나님 앞에 설 수 있게 되었다. 그리하여 그분 안에서 우리 같은 죄인이 하나님의 백성이 되어, 경외와 두려움의 대상이요 장엄하신 이 하나님을 영원토록 우리의 하나님이라 부를 수 있게 되었다.

월리엄 에드워즈는 월리엄 리즈의 위대한 웨일즈 찬송을 이렇게 옮긴다.

사랑이 여기 있으니 바다 같고
인자함이 홍수 같으니
생명의 왕이시며 우리의 속전이신 이가
우리를 위하여 보배로운 피를 흘리셨도다.
그의 사랑이 기억하지 못하는 사람은 누구랴.
누가 그를 찬양하는 노래를 멈출 수 있으리요.
그는 천상의 영원한 날들에서
결코 잊힐 수 없으리라.
십자가에 못 박히신 산에는
샘들이 깊고 넓게 열렸나니
하나님의 자비의 수문을 통해
광대하고 은혜로운 조수가 흐르도다.

끈질긴 은혜에 붙들린 삶

은혜와 사랑은 마치 거대한 강물처럼

위에서 끊임없이 쏟아져 내리고

하늘의 평화와 완전한 정의가

죄 많은 세상에 사랑으로 입 맞췄도다.[4]

---

4 William Rees, "Here Is Love Vast as the Ocean," trans. William Edwards, 1900.

생각해 볼 문제
FOR FURTHER REFLECTION

1 때로 하나님이 우리의 삶을 힘들게 하시는 이유가 무엇일까? 곤경을 통해 하나님이 하고자 하시는 말씀을 우리가 어떻게 분별할 수 있을까?

2 우리는 때때로 하나님의 축복을 어떻게 우리 자신의 공로로 여기는가?

3 당신의 인생 여정에서 지니고 다니는 우상은 무엇인가? 그것은 어떻게 당신을 곤경으로 몰아넣는가?

4 어떻게 라헬이 야곱에게 어울리는 아내인가? 라헬을 아내로 얻은 것은 야곱에게 징벌인가, 아니면 자신을 더 명확히 보게 하는 기회인가?

5 하나님을 대하는 우리의 태도가 어떻게 그분에 대한 우리의 믿음을 드러내는가?

끈질긴 은혜에 붙들린 삶

Chapter 08

위대한 경쟁자
_ 창세기 32장

나 같은 죄인 살리신 그 은혜 놀라워.[5]

우리가 즐겨 부르는 찬송에 나오는 구절이다. 이는 놀랍도
록 편안하고 안락하게 느껴진다. 그런데 은혜가 어떻게
야곱 같은 죄인을 구원할 수 있을까? 구원이란 항상 달콤하고 부드
러운 경험이며, 은혜의 감미로운 속삭임일까? 아니면 하나님의 놀
라운 은혜란 당신이 아무리 발버둥쳐도 당신을 붙잡고 놔주지 않
는 레슬링 경기 같은 것일까? 야곱의 경험은 후자에 가깝다. 창세기

5　John Newton, "Amazing Grace," 1779.

32장에서 잘 보여주듯, 야곱은 은혜에 부드럽게 이끌려 갔다기보다 은혜에 압도되었다.

고향으로 돌아감

32장은 야곱을 위한 약속으로 시작된다. 야곱의 광야생활이 거의 끝나가고 있었다. 라반과의 20년에 걸친 대립이 평화롭게 종결되기에 이르렀다. 야곱은 약속의 땅을 향해 고향으로 가는 길이었다. 그런데 그곳에 도착하기 전에 형 에서와 풀어야 할 문제가 있었다. 20년 전 에서는 야곱을 죽이려고 위협했다. 야곱은 에서와 화해하기 위해 여정 중에 의미심장한 우회로를 만든다. 가나안으로 돌아가는 길에 지리적으로 에서를 꼭 거쳐가야 한 것은 아니다. 야곱은 아마 그 힘든 조우를 피할 방법을 찾을 수 있었을 것이다. 그러나 야곱이 물리적으로 다른 방법을 찾을 수 있었을지라도, 영적으로는 약속의 땅에 들어가기 전에 에서를 거쳐갈 필요가 있었다. 과거의 죄는 마치 범하지 않은 것처럼 묵인될 수 없다. 죄는 반드시 진전되기 전에 적절히 다루어져야 한다. 진정한 회개는 내면의 슬픔뿐 아니라 가능한 한 손상된 관계의 외직 보상과 회복이 필요하다. 화해가 늘 가능한 것은 아니다. 이 세상에서 모든 관계가 회복될 수는 없다. 어떤 회복에 대해서는 천국에 갈 때까지 기다려야 하는 경우도 있다. 그러나 야곱은 약속의 땅으로 돌아가는 길에 형과 관계를 회복하기 위해 할 수 있는 일을 하려고 노력했다.

야곱이 그 여정을 시작하자 출발부터 격려를 받는다. 야곱은 하나님의 사자들에 대한 환상을 본다(창 32:1). 수많은 히브리어 동사가 야곱의 마하나임 경험과 예전 벧엘에서 본 환상(창 28장)을 연결한다. 따라서 야곱이 광야에서 보낸 기간은 이 두 가지 환상 사이에 놓인 것이며, 이 베일을 걷어내면 그 사이 기간 동안 야곱과 함께하신 하나님의 보이지 않는 임재를 야곱이 깨달을 수 있게 해준다. 마하나임에는 야곱의 군대뿐 아니라 하나님의 군대도 있었다(창 32:2). 우리가 개인적으로 확신을 갖게 하는 환상을 보지 못한다 해도 이것은 사실이다. 하나님은 이 같은 투쟁의 한가운데서 함께하신다. 시편 기자가 말하듯, 여호와의 천사가 주를 경외하는 자를 둘러 진 치고 그들을 건지신다(시 34:7). 하나님이 야곱을 이해시키려고 노력하신다는 메시지를 당신은 보았는가? 장애물이 아무리 압도적인 것 같아도, 야곱은 그것에 직면해 아슬아슬한 전략에 의지할 필요가 없다. 대신 하나님의 보이지 않는 권능을 의지해야 한다. 하나님이 야곱을 라반의 분노에서 지켜주신 것처럼, 에서의 위협에서도 보호해 주실 것을 야곱은 믿을 수 있다.

이는 우리가 배워야 하는 귀한 교훈이다. 우리는 하나님의 계획을 이루기 위해 배후에서 작용하는 보이지 않는 힘에 대해 얼마나 자주 생각하는가? 우리는 눈에 보이는 장애 요인에는 쉽게 압도당하면서, 보이지 않는 실재에 대해서는 아주 쉽게 잊는다. 그것은 우리를 지키고 안내하며 인도하기 위해, 우리 주변을 둘러싸고 있는 여호와의 보이지 않는 군대다. 때로 성경에서 하나님은 진실을 드러내기 위해 커튼을 걷어내신다. 바로 열왕기하 6장에서 성읍이 적의 군대에 포위당했을 때 엘리사의 종에게 일어났던 일이다. 그는 근심할 만도 했다! 그러나 엘리사는 보이는 군대보다 더 강력한 불말과 불병거가 그들을 둘러싸고 있음을 그 종이 보게 되기를 기도한다(왕하 6:15-17). 우리는 엘리사처럼 우리와 함께한 자가 그들과 함께한 자보다 많음(왕하 6:16)을, 혹은 사도 요한의 표현대로 "너희 안에 계신 이가 세상에 있는 자보다 크심"(요일 4:4)을 진정으로 이해할 필요가 있다.

그러나 실제로는 삶의 어려움에 직면할 때마다 우리는 스스로 자신을 돌봐야 한다고 생각한다. 우리는 고아로 살아가고, 갈 곳도 도와줄 사람도 없는 도피자로 살아가며, 두려움과 염려에 끌려 다닌다. 연약한 우리 손에 미래가 달렸다면 이렇게 되지 않을 수 없을 것이다. 그러나 하나님은 우리의 미래가 실제로는 그분의 강한 손

끈질긴 은혜에 붙들린 삶

에 달려 있다는 사실을 자상하게 상기시켜주신다. 우리를 보호하고 구해 주는 가시적인 군대가 없을 수도 있지만, 우리는 피할 수 있는 강력한 피난처를 지닌 도피자들이다. 이러한 곤경은 하나님이 우리 안에 당신을 의지하는 태도를 북돋우시고, 바라는 것들의 실상이자 보이지 않는 것들의 증거(히 11:1)인 믿음으로 살아가는 법을 서서히 배우게 하시는 방편이다. 야곱도 이와 같이 배워야 한다.

시험대에 오른 믿음

하나님이 야곱과 함께하신다는 사실에 대한 그의 새로운 믿음이 곧 시험대에 올랐다. 야곱은 전에 하나님의 사자들을 만난 것처럼 자기의 사자들을 형 에서에게 보낸다(창 32:3; 히브리어로 '사자'와 '천사'를 지칭하는 단어는 같다). 그들은 선물을 가지고 가 조심스럽게 회개의 뜻을 전한다. 야곱은 자신을 '당신의 종'으로, 에서를 '나의 주'라고 표현한다. 이렇게 함으로써 야곱은 예전에 거기서 벗어나고자 계획을 꾸미며 열심히 노력했던 종속적인 아우의 지위로 자발적으로 되돌아갔다. 야곱의 유일한 목표는 형과 관계를 회복하는 것이었다. 야곱은 에서의 눈에 들기만을 간절히 바랐다(창 32:5).

그러나 야곱에게 돌아온 대답은 불길해 보인다. 에서는 야곱을 만나기 위해 400명을 거느리고 오고 있었다(창 32:6). 이는 동생을 용서하고 다 잊은 형이 집에 돌아오는 동생을 따뜻이 맞아주는 것처럼 보이지 않는다. 오히려 야곱에게 따끔하게 가르침을 주기 위한 중소형 규모의 군대처럼 보인다. 에서는 무슨 계획을 세운 것일까?

야곱 입장에서 생각해 보라. 야곱의 머릿속에 떠오를 생각을 상상해 보라. 아마 '왜 이런 일이 내게 일어나는 것일까?' '왜 모든 상황이 이토록 끔찍하게 잘못되고 있는 것일까?' '상황을 바로잡기 위해 이렇게 애썼는데, 이게 무슨 상황인가!' '오래된 적대감을 미해결 상태로 남겨둔 채 관계를 바로잡으려고 노력하지 않는 편이 더 좋았을 텐데!' 같은 생각이었을 것이다.

당신의 의도가 오해받는다면 심히 고통스럽지 않겠는가? 옳은 일을 하고, 무너진 관계를 회복하고, 모든 것을 깨끗이 해결하는 것은 매우 힘든 일이다. 그러나 자신이 왜 옳은 일을 하려고 하는지를 알게 되는 것은 바로 그런 때가 아니겠는가? 당신이 옳은 일을 하는 것이 삶을 더 안락하게 해줄 거라고 생각하기 때문인가? 죄책감을 덜기 위해서인가? 아니면 그것이 옳은 일이기 때문에 그렇게 하려는 것인가? 무엇보다 하나님을 기쁘시게 하기 위해 하나님이 명령하신 일을 하고자 하는가? 만일 당신의 주된 동기가 하나님을 기쁘시게 하는 것이라면, 그 일을 함으로써 곤경과 핍박에 처할지라도 당신은 옳은 일을 계속해 나갈 것이다. 당신이 마땅히 해야 할 것은, 결과가 기대한 것과 정확히 일치하지 않더라도 계속해서 옳은 일을 하는 것이다.

기도로 나아가기

주목해야 할 핵심은 야곱이 임박한 재앙을 분명히 예상했음에도 포기하지 않았다는 것이다. 야곱은 목숨을 건지기 위해 뒤돌아 달아나지 않았다. 두려움과 고민에도 불구하고 사자굴 속으로 계속해서 들어갔다. 야곱이 전략을 포기했다는 말이 아니다. 야곱은 가족을 둘로 나누어, 만일 한쪽이 공격당하면 다른 한쪽이 도망갈 수 있도록 노련한 계획을 세웠다(창 32:8). 아마도 만일 야곱이 다른 진영 곧 하나님의 사자들의 보이지 않는 진영을 기억했더라면, 자신의 두 진영의 안전에 대해 덜 걱정할 수 있었을 것이다. 그런데 이제 야곱은 자기의 계획 외에 기도도 드린다. 기도하는 야곱의 모습이 여기서 처음 나온다. 야곱은 전략만으로는 충분하지 않다는 것을 배우고 있었다.

야곱의 기도는 과거에 하나님이 당신의 약속에 신실하셨음을 확언하는 것으로 시작한다(창32:9). 야곱은 창세기 28장에서 하나님이 그를 위해 하실 거라고 했던 모든 것보다 더 많이 이루셨음을 깨달았다. 동시에 야곱은 자신이 하나님의 은혜를 받을 가치가 없는 사람임을 선언했다(창 32:10). 야곱이 자신이 에서의 종이라고 선언한 날 처음으로 자신이 하나님의 종이라고 선언한 것은 우연이 아니다. 하나님의 프로그램에서는 더 작아지는 것이 더 커지는 것임을 알게 된다. 예수님이 말씀하셨듯이 "누구든지 첫째가 되고자 하면 뭇 사람의 끝이" 되어야 한다(막 9:35). 하나님나라에서 큰 것은 거만한 자가 거머쥐는 상이 아니라 하나님이 겸손한 자에게 주시는 선물이다.

야곱이 기도하며 하나님께 간청한 내용의 핵심은, 그를 향한 약속을 하나님이 계속 이루어가시기를 원한다는 것이었다(창 32:12). 그렇듯 어려운 상황에서 그것이 최선의 기도 방법이 아니겠는가! 옳은 것을 행하기 위해 최선을 다하고자 해도, 모든 일이 잘못되는 것처럼 보일 때 당신은 어떻게 하는가? 당신은 모든 두려움을 주님 앞에 내려놓고, 말씀을 통해 약속하신 것이 이루어지기를 간구하며 믿음으로 나아가야 한다.

이상한 응답

그러나 야곱의 기도는 이상한 방식으로 응답된다. 야곱은 나머지 사람들을 모두 자기보다 먼저 강 너머로 보낸다. 그러는 동안 혼자서 밤을 보낼 계획을 세우고, 아마도 곧 닥칠 두려운 날에 대비해 기도로 마음을 가다듬고자 했을 것이다(창 32:23). 야곱은 낙타에 선물을 실어 보내며, 자신을 위한 길을 준비하기 위해 인간적으로 할 수 있는 것은 다했다(창 32:13-21). 이 선물은 히브리어로 더 정확하게는 '조공'을 뜻하는 '민하'다. 이는 아랫사람이 윗사람에게 바치는 예물이다. 염소와 양 떼, 낙타와 당나귀 등 야곱이 준비한 선물 목록은 엄청나다. 이는 야곱의 겸손의 깊이를 보여준다. 이 모든 선물을 보낸 후 야곱이 나아가는 것이다(창 32:20). '내가 먼저'였던 동생은 결국 가장 나중이 되는 것에 만족했고, 심지어는 그것을 간절히 원했다.

그러나 야곱은 에서를 만나기 전에 먼저 하나님을 만나야 했다. 참으로 놀라운 만남이다! 하나님은 야곱 앞에 사람의 모습으로 나타나 야곱과 씨름하셨다(창 32:24). 하나님은 말 그대로 야곱을 급습하셨다! 이미 두려움에 떨고 있는 사람을 대하기에는 이상한 방식이었다. 우리는 야곱이 조용히 그곳에 서서 마음의 평안을 위해 기도하고 있는 모습을 그려볼 수 있다. 그런데 갑자기 이상한 사람이 어디선가 나타나 그를 공격한다. 그 즉시 야곱은 생사를 오가는 싸움에 휘말리게 된다. 그것은 야곱이 이길 수 없는 싸움이었으나 야곱은 지지 않기로 결심한다. 그 싸움으로 인해 야곱은 둔부에 손상을 입어 상대에게 매달리는 것 외에는 할 수 있는 게 없었다. 그러나 야곱은 그렇게 했고, 그에게서 축복을 받기 전에는 그를 놓아주려 하지 않았다(창 32:26).

축복을 위한 씨름

이 만남은 야곱의 삶을 요약해서 보여준다. 야곱은 가장 가망 없는 상황에서 축복을 이끌어냄으로써 성과를 만들어냈다. 그는 무슨 일이 있어도 그 축복을 받아야 한다! 그러나 이번에 처음으로, 야곱은 마침내 올바른 곳에서 하나님께 복을 구하지 않을 수 없게 되었다.

이 이상한 사건의 요점은 무엇일까? 왜 하나님은 야곱을 그렇게 요란스러운 방식으로 대하셨을까? 야곱이 배워야 하는 교훈이 있었기 때문이다. 일생동안 야곱은 사람들의 반대에 맞서 고군분투해 왔다. 상황이 야곱에게 불리했으나, 자신의 교활함을 통해 종종 정상에 오르곤 했다. 그러나 그 뒤에는 깨진 관계와 막다른 궁지에 몰렸을 때 도망쳤던 과거가 남아 있었다. 그는 사람들이 자기에게 행할 일들이 두려웠다. 야곱이 배워야 할 것은 사람을 상대로 한 모든 투쟁이 그에게 아무런 도움이 되지 않았다는 것이다. 왜냐하면 그가 궁극적으로 씨름해야 할 상대는 하나님이었기 때문이다. 야곱이 약속의 땅으로 들어가는 것을 막은 이는 에서가 아니라 하나님이었다. 야곱이 두려워해야 할 대상은 에서가 아니라 바로 하나님이었다.

이 하나님과의 씨름에, 야곱의 성공을 이해할 수 있는 두 가지 열쇠가 있다. 야곱은 포기하지 않았고, 달아나지 않았다. 하나님은 약속에 대한 그의 헌신을 시험하고 계셨다. 야곱이 "하나님마저 내가 약속의 땅으로 돌아가는 것을 반대하시는 것 같군. 나는 포기하겠어! 날 그냥 내버려 둬. 남은 생은 어딘가에서 평화롭게 살고 싶어"라고 말하는 건 쉬운 일이었다. 그러나 야곱은 그렇게 하지 않았다. 모든 것이 야곱에게 불리해도 순종하면서 약속의 땅으로 돌아가도록 부르심받은 것에 매달렸다. 야곱은 하나님의 약속을 성취하다 죽을지라도, 하나님이 약속하신 축복을 받아야 했다.

하나님이 우리도 그처럼 대하실까? 나는 하나님이 가끔 그렇게 하신다고 생각한다. 가끔 하나님은 그분을 섬기도록 특정한 방식으로 우리를 부르시고는, 오랫동안 우리에 대해서는 잊으신 것처럼 보인다. 마치 하나님이 우리를 파괴하기로 작정하신 것처럼 우리 주변의 모든 것이 무너지기도 한다. 이럴 때 당신은 어떻게 하는가? 당신은 더욱 더 하나님께, 그분의 약속에 매달려야 한다. 야곱의 모든 힘 심지어는 걸을 힘조차 하나님이 꺾으시자, 야곱은 자신이 할 수 있는 것이라고는 하나님께 매달리고, 하나님의 복을 갈구하는 것뿐임을 깨닫는다. 그래서 야곱은 그렇게 했다. 그는 포기하지 않았다. 달아나지 않았다. 더욱 세게 매달렸다. 결국 야곱은 하나님의 축복과 이스라엘이라는 새 이름을 받는다. 야곱이 하나님 그리고 사람들과 겨루어 이겼기 때문이다(창 32:28).

어떻게 보면 야곱의 경험은 욥의 경우와 비슷하다. 하나님이 사탄으로 하여금 욥의 부, 자녀, 건강을 앗아가도록 허락하신 일을 기억해 보라. 그때 욥의 아내는 그에게 이르기를 "그냥 하나님을 저주하고 죽지 그래요? 하나님은 당신을 미워하시는 게 분명해요. 하나님은 당신을 완전히 없애버리려고 작정하신 거예요. 불공평한 싸움은 이제 포기하지 그래요?"(욥기 2장 9절을 보라). 욥(과 그의 아내)에게 일어난 일을 보면, 당신은 욥의 아내가 왜 그렇게 생각했는지 알 수 있다. 그러나 욥은 하나님을 저주하지 않는다. 그 대신 이렇게 답한다. "하나님께 복을 받았은즉 화도 받지 아니하겠느냐"(욥 2:10). "그가 나를 버리셨으나 나는 그를 믿을 것이다"(욥 13:15). 욥이 이렇게 말하는 것은 쉬운 일이 아니다. 욥의 고통 가운데서 이 말은 진부한 슬로건이 아니다. 욥기 전체는 욥이 하나님과 씨름한 데 대한 기록이다. 욥은 왜 이 모든 일이 자기에게 일어났는지에 대한 대답을 결코 듣지 못한다. 그러나 그는 하나님을 만난다. 자신을 하나님께 맡기고 절대 달아나지 않는다.

우리는 어떠한가? 우리는 하나님과 씨름할 준비가 되어 있는가? 우리는 하나님이 우리에게서 등을 돌리신 것 같은 순간에도, 그분께 매달릴 만큼 충분히 그분을 신뢰하는가? 아니면 하나님이 우리에게 레드카펫을 깔아줄 때만 그분을 따르려 하는가? 하나님의 말씀에 그런 레드카펫에 대한 약속은 없다. 반대로 우리는 일생동안 고통과 시련에 직면한다는 확언을 듣는다. 예수님은 우리에게 환난을 약속하셨지만, 그 모든 환난을 이기는 평안도 약속하신다(요 16:33)! 하나님은 우리 믿음을 정련하시고, 더 새롭고 깊게 그분을 의지하는 법을 가르치시며, 도피자가 되는 경험을 통해 하나님이 진정한 피난처이고 힘이시며 환난 중의 도움이심을 보여주기 위해, 우리 삶에서 이러한 시련과 곤경을 사용할 것을 약속하셨다. 만일 우리 삶에 시련과 환난이 없다면 이것을 어떻게 우리에게 보여주시겠는가?

새 이름: 이스라엘

하나님과 씨름하는 중에 야곱은 이스라엘이라는 새 이름을 받는다. 이는 그의 성품에 전격적인 변화가 일어났음을 의미한다. 아브람/아브라함 혹은 사래/사라의 경우와 달리, 그의 새 이름은 이전에 있었던 것의 변형이나 확장이 아니라 완전한 변형을 의미한다. 은혜가 아닌 재주와 노력으로 약속된 은혜를 얻고자 했던 일생 동안의 노력을 이제는 버려야 했다. 그러나 우리 모두의 경우 이 세상에서 성화가 부분적으로 진행되듯, 야곱의 이름 변경도 그런 식으로 이해된다. 새 이름을 받은 후 다시는 예전의 이름으로 되돌아가지 않은 아브라함과 사라의 경우와 달리, 야곱은 이제부터 야곱 '그리고' 이스라엘이었다. 성경 본문에서는 야곱에 대해 두 가지 명칭을 번갈아 사용한다. 이는 학자들이 가끔 주장하듯 다른 두 가지 자료에서 온 게 아니라, 야곱/이스라엘이 두 가지의 대립되는 성품을 지녔기 때문이다. 마틴 루터의 말에 따르면, 그는 '시물 유스투스 에트 페카토르'(의인인 동시에 죄인)다. 이스라엘이라는 새로운 이름이 분명히 선언하듯, 하나님의 개입이 야곱의 삶 속에서 원칙상 확정되지만, 그 원칙이 온전히 전개되기에는 평생이 걸릴 것이다. 야곱이 이 땅에 살아있는 한, 그의 일부는 여전히 야곱일 것이기 때문이다.

이와 같이 우리 모두 여전히 육체로 살아가는 새로운 피조물이다.

그리스도인으로서 우리 존재의 중심에는 긴장이 있다. 한편으로 하나님이 우리를 성령으로 거듭나게 하셨다. 우리가 예전에 가졌던 돌 같은 마음 대신 부드러운 마음을 주셨다. 하나님은 우리가 그리스도인이 되기 전에는 결코 경험하지 못했던 거룩함에 대한 열망을 주시고, 우리의 오랜 열매 없음을 대신해 성령의 열매를 맺게 하신다. 다른 한편으로는 하이델베르크 교리문답이 우리에게 상기시키듯(Q&A 114), 우리는 이 세상에서 거룩함으로 가는 여정 중에 '작은 시작'을 할 뿐이다. 우리는 이 땅의 여정 중 걸음마다 "이 사망의 몸에서 누가 나를 건져내랴"(롬 7:24)라고 거듭 부르짖으며, 육신에 대항하는 싸움을 계속할 것이다. 그리고 "우리 주 예수 그리스도로 말미암아 하나님께 감사하리로다"(롬 7:25)라는 대답을 기대할 것이다.

이스라엘이라는 새 이름은 야곱의 성공이나 영리함을 통해서가 아니라 하나님의 공격을 견뎌냄으로 얻게 되었다. 그것은 분명 은혜지만, 우리가 알거나 원하던 종류의 은혜는 아니다. 이 경우 하나님과의 만남은 야곱을 평화나 치유로 이끈 것이 아니라 영구적이며 고통스러운 불구가 되게 했다. 야곱은 고통스럽지만 은혜로 가득한 하나님과의 만남의 흔적을 자기 몸에 영원히 지닐 것이다. 그 만남에서 이기는 길은 살아남아 매달리는 것이었다. 그때부터 그의 자손은 둔부의 관절에 붙은 고기를 먹지 않음으로써 야곱과 하나님의 만남을 기념했다(창 32:32).

아마 당신도 삶에서 하나님의 은혜를 얻는 고통과 씨름하고 있을 것이다. 당신에게 자신의 공허함과 구주의 필요성을 가장 분명히 보여주는 것은, 당신의 삶 속에서 가장 추하며 무너져버린 것들이다. 하나님은 때때로 이렇게 일하신다. 고통스럽고 불구가 되고 보기 흉한 상처를 취해, 하나님께 매달리는 것 외에는 아무것도 할 수 없음을 깨닫는 축복을 받게 하신다.

마지막 이스라엘

이 고통스럽지만 신실한 상처 가운데서 어떻게 십자가와의 연관성을 놓칠 수 있겠는가? 성자 하나님은 그의 백성에게 은혜와 축복이 흘러갈 수 있도록 성부 하나님의 고통스럽고 끔찍한 공격을 견디셨다. 예수 그리스도는 이 땅에 사는 동안 인간과의 씨름을 마치고, 우리를 대신해 하나님과 씨름하셨다. 예수님은 동산에서 "내 아버지여 만일 할 만하시거든 이 잔을 내게서 지나가게 하옵소서"(마 26:39)라고 울부짖으며, 하나님의 어렵고도 고통스러운 뜻과 씨름하셨다. 예수님은 십자가 위에서 하나님의 거룩하고도 무서운 진노와 씨름하셨다. 그 끔찍한 순간에 예수님은 "나의 하나님, 나의 하나님, 어찌하여 나를 버리셨나이까"(마 27:46)라고 부르짖으셨다. 그분의 씨름에 따른 결과는 단지 둔부에 회복하기 어려운 상처를 입은 것이 아니다. 그분은 우리를 위해 상처 입고 멍드셨으며, 채찍질당하고 십자가에 못 박히셨고, 우리의 모든 죄악을 담당하셨다. 그러나 그러한 고통스러운 고난 가운데서 예수님은 하나님께 매달렸으며, 축복을 받기 전까지 하나님을 붙든 손을 놓지 않았다. 그 축복은 자신을 위한 것이 아니라 우리를 위한 것이다. 아버지께 신실하게 매달림으로써 예수님은 죄와 사망을 이기고 모든 이름 위에 뛰어난 이름을 받으셨다.

따라서 예수님은 야곱이 전혀 섞이지 않은 참 이스라엘이시다. 예수님은 온전히 하나님과 그리고 사람들과 더불어 씨름하여 이기셨다. 우리는 그리스도와 연합하여 새 이름을 받고 하나님의 이스라엘의 한 부분이 된다(갈 6:16). 그렇게 할 때 우리는 그분의 승리는 물론이고 그분의 고투와 고통에도 동참하도록 부르심받는다. 예수님이 십자가에서 고난을 겪으신 것은 우리가 결코 어려움을 겪지 않게 하려는 것이 아니라, 우리의 고난이 열매를 맺어 우리로 하여금 더욱 그분을 닮아 가게 하려는 것이다. 그것이 바울이 다음과 같이 기도한 이유다.

내가 그리스도와 그 부활의 권능과 그 고난에 참여함을 알고자
하여 그의 죽으심을 본받아 어떻게 해서든지 죽은 자 가운데서 부
활에 이르려 하노니 _빌 3:10-11

분투와 고통 속에서 우리는 자기 의존을 버리고 십자가를 바라
보며 축복을 위해 하나님께만 매달리는 법을 배운다. 당신이 하나
님을 경외하면 달리 두려워할 것이 전혀 없다. 온 힘을 다해 하나님
께 매달리라. 그러면 그분이 당신을 내버려두지 않으심을 알게 될
것이다. 당신이 너무 약하여 그분께 매달릴 수 없고 너무 두려워 더
이상 그분을 붙잡을 수 없다고 느낄 때도, 당신은 여전히 그분의 강
한 팔이 사랑으로 당신을 감싸 안고 있으며 당신을 내버려두지 않
을 것임을 알게 될 것이다. 그분의 강하심은 당신의 강함을 통해 강
화되는 것이 아니라, 오히려 당신의 약함을 통해 온전해진다.

더욱이 우리는 주의 만찬에 모일 때마다, 이 위대한 싸움을 기념
하도록 정기적으로 부름받는다. 거기서 나는 그리스도께서 십자가
에서 씨름하시던 것을 기억한다. 거기서 나는 나를 위해 그분의 몸
이 찢긴 것을 기억한다. 거기서 나는 내 죄로 인해 그분이 피 흘리
신 것을 기억한다. 거기서 나는 하나님께 매달려 우리에게 주신, 우
리 안에 있는 그분의 약속을 이루어주시기를 기도한다. 주의 만찬

에서 우리 영혼이, 이 세상에서 군대를 대동한 에서를 마주칠지라도, 하나님의 사랑이 그리스도 안에서 우리를 축복하기 위해 붙드시고 우리를 내버려두지 않으실 거라는 확신으로 가득해진다. 조지 마티슨(George Matheson)의 훌륭한 찬송가가 이 점을 완벽하게 표현한다.

나를 내버려두지 않으시는 주의 사랑,
내 피곤한 영혼 주 안에서 안식하도다.
빚진 생애 주께 드리니
주의 깊은 바다에서
더 부요하고 충만히 흐르게 하소서.

내 모든 길 비추시는 빛이시여,
꺼져가는 내 등불 주께 맡기리.
내 마음이 주의 빛을 회복하리니
주의 햇빛 안에서
더욱 밝고 맑아지게 하소서.
고통을 통해 다시 찾은 기쁨,
주 향한 내 마음을 닫을 수 없도다.

빗속에서 무지개를 찾아나서는 내게

그 약속이 헛되지 않으니

아침이 오면 눈물이 없으리로다.

십자가 향해 머리를 드니

내 어찌 주를 떠나리요.

허망한 삶의 영광 흙 속에 묻고

그 땅에서 붉게 피어나리니

그 생명 영원하리라.[6]

6   George Matheson, "O Love That Will Not Let Me Go," 1882.

생각해 볼 문제
FOR FURTHER REFLECTION

1 당신은 하나님의 은혜에 압도된 적이 있는가? 어떻게 압도되었는가?

2 당신 주변에서 일어나는 보이지 않는 영적 전쟁에 대해 아는 것이 왜 중요한가?

3 야곱은 곤경 속에서 어떤 유형의 기도를 했는가? 당신은 시련 속에서 어떻게 비슷한 기도를 할 수 있는가?

4 하나님은 어떻게 그리고 왜 그분의 약속에 대한 당신의 헌신을 시험하시는가? 하나님은 당신이 어떻게 반응하기를 원하시는가?

5 십자가의 고난과 야곱의 씨름을 돌아보았을 때 어떤 차이가 있는가?

Chapter
09

맞닥뜨림
_ 창세기 33장

"**갈** 수록 태산"이라는 말을 아는가? 이 말은 얍복 나루 건너편에서 야곱이 겪은 일을 묘사하기 위해 만들어진 것인지도 모른다. 물론 어떤 종류의 만남은 밤이든 낮이든 결코 편안하지 않다. 사장실에 불려가거나 교통경찰관에게 붙잡히는 것 중 어느 것이 더 나을까? 야곱 또한 그의 오랜 대적인 에서와 대면하기를 기대하지 않았을 것이다. 야곱은 오래 기다릴 필요가 없었다. 하나님과 밤새 씨름한 후 쉬면서 힘을 모을 시간이 없었고, 심지어는 앉아서 숨 고를 기회조차 없었다. 도리어 야곱은 불편한 만남이었던 하나님과의 씨름을 마치자마자 고개를 들어 에서와 마주친 자신을 발견했다. 야곱이 가족과 합류하러 절뚝거리며 강을 건너고 있을 때, 그곳에는 그가 장자권을 훔쳤던 형 에서가 있었고, 에서는 장정 400명을 이끌고 야곱을 만나러 왔다(창 33:1).

보이는 것 너머를 보기

인간의 눈에 그것은 매우 불길한 장면이다. 그러나 야곱은 하나님과의 만남을 통해 보이는 것 너머를 보도록 준비되었다. 지난 야영지인 마하나임에서 야곱은 자기 주변을 둘러싼 하나님의 사자들을 보았다(창 32:1-2). 그 후에 야곱은 하나님을 만났고, 하나님은 약속의 땅에 들어가고자 하는 야곱의 의지를 시험하기 위해 어둠 속에서 그와 씨름하셨다. 하나님과 그토록 힘들게 만난 목적은, 하나님이 뭔가를 아시기 위함이 아니었다. 하나님은 이야기가 어떻게 끝날지 이미 알고 계셨다. 그 씨름은 야곱의 유익을 위한 것이다. 그 씨름을 통해 야곱은 자기 마음에 대해 더 많은 것을 발견할 것이다. 실제로도 그랬다. 야곱은 건강과 힘을 잃었음에도 약속의 땅으로 돌아가, 그 약속을 성취하실 하나님을 신뢰하기로 했다. 이 엄청난 고투와 비교할 때, 400명의 무리는 넘어야 할 작은 언덕에 불과했다.

오래된 습관은 쉽게 없어지지 않는다. 그래서 야곱은 가장 아끼는 라헬과 요셉을 먼저 챙긴다. 상황이 최악으로 치달을 경우 가장 쉽게 달아나도록 그들을 행렬의 뒤편에 안전하게 숨긴다(창 33:2). 우리 중 누구도 구원으로 즉각적인 변화를 보이지는 않는다. 하나님이 야곱에게 새 이름 이스라엘을 주셨음에도 야곱은 여전히 야곱으로 남아 있었다. 그는 의롭게 되었음에도 여전히 죄인으로 남아 있었다. 야곱의 경우, 그를 편애한 리브가와 에서를 편애한 이삭이라는 부모에게서 배운 관계 패턴이 자녀에게까지 재연되었다. 후에 야곱이 요셉에게 준 다채로운 색의 화려한 외투는 형제들이 요셉을 증오하게끔 만든 오래된 가족 관습의 한 징후였을 뿐 유일한 원인은 아니다.

야곱처럼 우리도 그리스도인의 삶 전반에 걸쳐 오래된 죄의 패턴과 계속해서 싸운다. 그것 중 일부는 가족에게서 배운 것이며, 일부는 자기가 스스로 만들어낸 것이다. 당신은 그리스도인의 삶을 '시물 유스투스 에트 페카토르'(의인인 동시에 죄인)로 시작하지 않고 '솔로 유스투스'(오직 의인, 더 이상 죄인이 아님)로 나아간다. 그러나 당신이 이 세상에 사는 한 의롭게 된 죄인으로 남아 있을 것이다.

야곱이 하나님과의 만남을 통해 완전히 변화된 것은 아니다. 그는 이스라엘일 뿐 아니라 여전히 야곱이기도 했다. 그 만남이 그의 삶에 아무런 영향도 미치지 않은 것은 아니다. 예전에는 그가 전체

행렬의 맨 뒤에 있을 계획을 세웠지만, 이번에는 가족을 세워두고 서 에서를 만나러 먼저 나아갔다(창 33:3). 하나님을 만난 후, 치명적일 수 있는 에서의 분노조차도 두려움 없이 마주할 수 있게 되었다. 이것은 야곱의 진정한 약점에서 나타난 진정한 성장이다.

야곱은 에서를 만나자 형에게 범한 잘못에 대해 배상작업을 즉시 시작한다. 완전한 복종과 존경의 의미로 몸을 일곱 번 땅에 굽힌다(창 33:3). 야곱이 에서에게 보낸 선물은 단순히 고대 근동 문화권에서 지키던 형식적 예의에 따른 것이 아니다. 그 선물은 야곱이 창세기 27장 28절에서 훔친 축복을 에서에게 돌려주는 것을 의미한다. 야곱은 자신이 경험한 하늘과 땅의 풍성한 선물이 마땅히 에서의 것이라는 사실을 공개적으로 인정하고 있었다. 이것은 야곱에게 상당히 상징적인 행동이었다. 에서에게 이 선물을 주는 것은 그의 형에게서 훔치는 삶의 반대를 나타내는 것이었다. 게다가 에서에게 일곱 번 몸을 굽힌 것은 창세기 27장 29절("네가 형제들의 주가 되고 네 어머니의 아들들이 네게 굴복하며")에서 야곱이 불법적으로 아버지에게 받은 축복의 반대를 나타내는 것이었다. 야곱의 행동은 그가 행한 일에 대해 진심으로 회개하고 있음을 보여준다.

진정한 성경적 회개의 가장 어려운 부분은 배상이 아니겠는가? 내게는 그렇다! 그래서 종종 우리가 잘못할 때, 일을 바로잡기보다는 단순히 미안하다고 말하고서 넘어가고 싶어한다. 가능한 한 우리는 관련된 사람에게 사과하지 않고 하나님께 직접 사과의 말씀을 드리는 것을 더 선호한다. 그러나 성경적 회개는 미안하다고 말하는 것 그 이상을 의미한다. 그것은 가능하다면 대면으로 하는 배상을 포함한다. 진정한 회개는 자존심을 내려놓게 한다. 자신을 낮추게 하고, 자신의 죄를 받아들이게 하며, 자기 행동의 결과를 책임감 있게 처리하도록 요구하기 때문이다. 진정한 회개가 그토록 어려운 것도 바로 이 때문이다. 회개는 단순히 특정 단어를 반복하는 것이 아니라 값비싼 복종을 수반한다.

환영받은 탕자

야곱이 에서에게 보인 회개의 몸짓 효과는 극적이었다. 에서는 야곱이 자기 죄로 인해 에서를 힘들게 했던 일들을 슬퍼하며 준비한 긴 회한의 말을 시작하도록 기다리지 않았다. 그 대신 달려가 야곱을 맞이하여 안고 목을 어긋맞추어 그와 입맞추었다(창 33:4). 예수님의 이야기에 나오는, 아버지가 탕자를 환영하는 장면과 유사한 점이 눈에 띈다(눅 15:20). 야곱과 에서의 예전 관계의 특징이던 다툼과 쓰디쓴 대립 대신, 이제는 포용과 기쁨의 눈물이 있다. 회개가 고통스럽고 대가를 치러야 하는 것이지만, 그 열매를 맺고 있었다.

야곱은 조심스럽게 공손한 말투로 형을 "내 주"라고 반복해서 불렀으나, 에서는 야곱을 "내 동생"이라 불렀다(창 33:9). 이는 단순히 사실에 대한 언급이 아니라 애정이 담긴 표현이다. 죄를 지은 동생이 눈물의 환영을 받았다. 에서의 장정 400명에 대한 야곱의 걱정은 예상을 빗나갔다. 역설적으로 에서와 함께한 무리의 규모를 들은 야곱을 괴롭혔던 물음이, 야곱의 선물 규모를 본 에서의 입에서 나왔다. "내가 만난 바 이 모든 떼는 무슨 까닭이냐"(창 33:8). 두 형제가 만났을 때 보인 군대는 야곱이 에서에게 선물로 보낸 군대뿐이었다.

왜 야곱은 이런 선물을 형에게 보냈을까? 에서의 질문에 대한 그의 대답은 간단하다. "내 주께 은혜를 입으려 함이니이다"(창 33:8). 5절과 11절에서 야곱이 증언하듯, 하나님은 이미 야곱에게 은혜를 베푸셨다. 야곱이 밧단아람에서 받은 자녀와 물질의 축복은 하나님이 은혜로 주신 선물이었다. 그러나 하나님과의 관계를 회복한 야곱은 형과도 화해하기를 원했다. 그 둘 중 하나만으로는 충분하지 않았다. 그러나 또다시 야곱은 에서에게 말하면서 눈에 띄게 예민함을 보인다. 하나님이 자기에게 베푸신 일을 묘사할 때, 하나님의 축복보다는 하나님의 자비로운 선물에 대해 이야기한다. 그런 이야기를 하기에 적절한 장소는 아니었다! 야곱은 형에게 자기의 선물에 대해 말하기 위해 축복이라는 말을 보류해 둔다. 그것은 창세기 33장 10절에서 그가 말한, 손윗사람이 손아랫사람에게서 기대할 수 있는 선물이나 예물(민하)은 아니었다. 오히려 야곱은 자기가 형에게 주는 것을 특별히 축복(베라카, 창 33:11)이라 불렀다. 그 가축을 통해, 야곱은 훔친 장자권과 함께 얻은 현세적인 축복을 형에게 다시 돌려주고 있었다.

에서는 변화되었는가

야곱이 회개를 통해 보여준 것처럼 하나님의 은혜를 경험하여 변화된 사람이라면, 에서의 경우는 어떠한가? 지금까지의 내용을 보면 에서는 많이 변하지 않았다. 그러나 어떤 면에서 에서는 좀 달라졌다. 예를 들면, 에서는 복수에 대한 생각을 바꾸었다. 에서는 창세기 27장 41절과 달리 더는 야곱을 죽이려 하지 않았다. 그 정도도 좋은 변화다. 그런데 에서가 자기 상태를 묘사한 것과 야곱이 자기 상황을 묘사한 것을 대조해 보라. 야곱은 "하나님이 내게 은혜를 베푸셨고 내 소유도 족하오니"(창 33:11)라 말하고, 에서는 "내게 있는 것이 족하니"(창 33:9)라고 말한다. 이것은 작은 차이인 것 같지만 사실은 큰 차이라고 생각한다. 결국 에서가 야곱에게 말한 것은, 하나님의 축복을 잃는 것이 그리 중요한 문제가 아니라는 것이다. 에서는 하나님의 축복 없이도 잘 살아왔기 때문이다.

두 사람의 대화를 더 자세히 들여다보면, 그들 각자의 방향성이 뚜렷해짐을 알 수 있다. 야곱은 대화 중에 하나님을 세 번이나 언급하지만, 에서는 단 한 번도 언급하지 않는다. 하나님이 야곱의 삶에서는 핵심적인 실재였지만, 에서의 세계관 속에는 하나님에 대한 생각이 실제적으로 들어 있지 않았다. 혼란스러운 삶의 과정을 통해, 야곱은 자신이 경험한 축복이 자기의 영리함이나 계략의 결과가 아니라 무자격자에게 베푸신 하나님의 은혜의 결과임을 깨닫게 되었다. 에서는 그러한 교훈을 결코 배우지 못했다.

야곱과 에서의 관점 차이가 당신이 삶을 대하는 방식에 큰 차이를 만든다. 그렇지 않은가? 당신의 삶 속에서 하나님이 핵심적인 현실이 되는 만큼, 모든 것이 그를 섬기는 수단 된다. 겸손과 하나님을 의지함, 즉 하나님께 순종하고 그분을 기쁘시게 하는 것이 목적이 된다. 하나님의 모든 좋은 선물이 말 그대로 좋은 선물로 인식된다. 그 선물은 우리 능력이나 노력에서 비롯한 것이 아니며, 우리의 타고난 권리로 주어진 것도 아니다. 그것을 주거나 보류하거나 회수하는 것은 그분의 선택에 달렸다. 내 직업, 내 집, 내 소유, 내 배우자, 내 가족, 내 건강, 내 힘과 같이 하나님이 주시는 모든 좋은 것은 내 권리가 아니다. 이 모든 것은 그것을 주시는 하나님을 섬기는 도구다. 하나님은 원하는 시간에 원하는 방식으로 그것을 회수할 권리도 지니셨다.

하나님께 순종하고 그분을 섬기는 내 능력, 그리고 그분의 은혜와 축복에 대한 내 경험도 마찬가지다. 우리의 영적인 경험이나 거룩한 모습은 하나님이 우리에게 빚지신 것이 아니다. 가끔 우리가 더 거룩해지고 영적인 경험을 하기 원하는 진짜 이유는 하나님께 '덜' 의존적이고자 하기 때문이다. 이는 우리가 더 깊이 그분께 등을 돌리게 되는 영적 메마름과 실패의 때다. 그러나 자비로우신 사랑의 하나님은 우리에게 진정으로 필요한 것이 우리의 거룩함이나 영적 경험이 아니라 오직 하나님이심을 명확하게 보여주기 위해, 그 축복을 우리에게서 제거할 권한을 가지셨다.

야곱이 값진 선물을 에서에게 기꺼이 보내고 에서가 거절하려는 것처럼 보일 때, 그 선물을 받도록 설득한 것도 바로 삶에 대한 그러한 관점 때문이었다. 야곱은 그렇게 하는 것이 옳다고 생각했다. 형과의 올바른 관계가 야곱에게는 물질적인 소유보다 더 중요해졌다. 형제의 관계는 하늘에 계신 아버지와의 올바른 관계를 시사하는 것이기 때문이다. 그러나 만일 하나님이 당신의 삶 속에서 핵심적인 실재가 아니라면, 다른 뭔가가 당신 존재의 중심을 장악할 것이다. 그것은 당신의 소유, 부, 건강, 인간관계 혹은 다른 우상일 수있다. 그것은 고상한 원인일 수도 있고 타락한 악덕일 수도 있다. 그것은 특정한 죄일 수도 있고 의로워지려는 자신의 시도일 수도 있다. 어느 것이든 당신의 삶은 자신에게 집중될 것이며, 당신은 이 우상을 보호하고 그것이 제시하는 목표를 달성하기 위해 무엇이든 하고자 하는 자신을 발견할 것이다. 이 잘못된 방향성의 결과는 하늘에 계신 아버지와의 관계에서 그리고 이 땅에 있는 형제와의 관계에서 파멸일 것이다. 수평적 관계와 수직적 관계는 분리될 수 없다.

나는 주변 사람들에게 인심 좋게 베푼 적이 거의 없다. 이는 하나님이 내 재정관에서 중심이 아니기 때문이다. 나는 하나님이 내게돈을 주시는 분, 언제든 내게 더 주거나 덜 주실 수 있는 분으로 생각하지 않으며, 내가 돈을 사용할 때 그분의 청지기라고 생각하지도 않는다. 그 대신 나는 돈의 사용을 내 재능과 독립성을 나타내는영역으로 본다. 만일 내가 열심히 일해서 돈을 지혜롭게 사용하면, 나는 하나님께 기도하거나 하나님을 의지할 필요 없이 살아갈 돈을넉넉히 갖게 될 것이다. 만일 내가 충분히 갖지 못한다면, 그것은 내가 사치스럽고 부주의했기 때문이거나, 가족의 잘못일 가능성이 크다. 결과적으로 돈 문제는 뒤틀린 수평적 관계로 이어진다. 왜냐하면 그 문제를 하나님과의 수직적 관계의 맥락에 두지 않기 때문이다. 하나님은 나를 너무 사랑하시므로 하나님을 의지하지 않는 나를 가만히 내버려두지 않으신다. 당신은 이와 같은 분야나 다른 분야에서 고투를 벌이고 있을 수 있지만, 만일 당신이 그리스도 안에 있는 형제자매들과의 수평적 관계에서 고투를 벌이는 원인을 추적해 보면, 하나님에 대한 당신의 생각에 항상 더 깊은 문제가 있음을 알게 될 것이다.

곁에서가 아니라 대면하여

하나님과 형을 향한 야곱의 새로운 마음은 창세기 33장 10절의 에서에게 말한 내용에서 분명히 드러난다. "내가 형님의 얼굴을 뵈온즉 하나님의 얼굴을 본 것 같사오며" 이 구절은 의미심장하다. 한편으로는 에서를 만나는 것이 야곱의 목표였다. 야곱은 자기가 잘못을 범했던 사람과 올바른 관계 맺기를 이 세상의 어떤 것보다 더 원했다. 그것은 하나님의 얼굴을 뵙는 것만큼이나 바람직한 일이다. 그러나 다른 한편으로 하나님의 얼굴을 뵙는 것은 엄청나게 위험한 일이다. 하나님을 보고도 살아남은 사람은 많지 않다. 이 때문에 야곱은 창세기 32장 30절에서 "내가 하나님과 대면하여 보았으나 내 생명이 보전되었다"며 놀라서 소리친다. 야곱은 에서와의 문제를 바로잡으려면 이와 유사한 위험이 따른다는 것을 알고 있었다. 예전에 에서는 야곱과 마주치면 죽이겠다고 맹세했다. 지리적인 면에서 야곱은 형을 마주치지 않고 약속의 땅으로 되돌아갈 수 있었지만, 영적인 면에서는 그럴 수 없었다. 에서와의 관계를 바로잡아야 했고, 목숨을 걸고 기꺼이 그렇게 하고자 했다. 놀랍게도 야곱은 하나님의 얼굴을 대면하고서 살아남았을 뿐 아니라, 형의 얼굴을 보고도 살아남아 이 이야기를 전하게 되었다. 놀랍지 않은가! 게다가 야곱은 자기 힘이나 교활한 술책이 아닌 약함과 겸손함으로 그렇게 했으며, 자기가 범한 잘못에 대해 겸허하게 배상하고자 했다.

당신이 화해를 위한 어려운 길을 가고자 할 때, 당신에게 격려가 되는 말을 여기서 찾을 수 있을 것이다. 당장은 그 첫발을 내딛는 것이 매우 위험하다고 느낄 수 있고, 그 시도가 당신의 면전에서 무산될까 심히 걱정될 수 있다. 그렇게 될 가능성은 있다. 모든 화해의 시도가 이 이야기처럼 결말을 맺는 것은 아니다. 그러나 어떤 것은 그리 되기도 한다. 하나님은 당신의 이야기에 이런 종류의 행복한 결말을 주실 수도 있고, 때로는 우리가 마주할까 걱정하던 만남이 생각했던 것보다 훨씬 더 좋은 것으로 드러나기도 한다. 심지어 에서처럼 하나님을 자기의 하나님으로 인정하지 않는, 당신 주변의 완강한 죄인들의 마음을 돌리지 못할 정도로 하나님의 힘은 약하지 않다.

그러나 화해가 항상 곁에서 함께하는 삶으로 이어지는 것은 아니다. 에서는 약속의 땅 바깥에 있는 세일에서 야곱과 함께 살기를 원했다. 그러나 야곱은 에서와 함께 그곳에 가기를 원하지 않았고, 약속의 땅으로 돌아가라는 하나님의 명령을 받았기에 에서와 함께 가서는 안 되었다. 약속의 자녀는, 축복의 선 바깥에 있고 축복의 땅 바깥에 살고 있는 자들과 함께 가거나 함께 살아갈 수 없다. 야곱은 에서의 초대를 즉시 거절한다.

그러나 야곱은 함께 가서 살 수 없으니 곧바로 나가겠다고 에서에게 말하기를 꺼리는 듯하다. 그 대신 에서의 제안을 거부할 만한 그럴 듯하고 타당해 보이는 핑계거리를 생각해냈으나, 그중 온전히 타당한 것은 없었다(창 33:12-15). 일부 주해가들은 야곱이 숙곳에 정착한 후 에서를 찾아가 만나려는 계획이 있었을 것이라고 해석하지만, 나는 그들이 야곱에게 너무 관대한 것이 아닌가 생각한다. 야곱이 회복되기는 했지만 완벽하게 순전하지는 않았음을 여기서도 보여준다고 나는 생각한다. 야곱이 계속 남쪽으로 내려가 세일에서 형과 만날 것 같은 인상을 주기는 했지만, 즉시 서쪽으로 방향을 돌렸고 얼마 동안 숙곳에 정착했다. 우리는 모두 선함과 악함과 추함이 섞인 존재다. 대화에서 옳은 말을 하자마자 우리 입에서 바로 다음에 나오는 말이 우리 속에 순종과 불경건함이 공존함을 보여준다. 우리 모두 참으로 야곱과 닮았다!

숙곳에서 멈출 것인가, 벧엘로 갈 것인가, 아니면 파산할 것인가

숙곳에서 야곱은 자신을 위해 집을 짓는다(창 33:17). 얼마 후 야곱은 거기서 세겜까지 짧은 거리를 이동하고 안전하게 약속의 땅에 도착한다. 세겜에서 야곱은 자신을 위해 땅을 조금 산다(창 33:18). 우리는 이 구절을 주된 줄거리에서 벗어나 있는 단순한 추가 구절로 생각하는 경향이 있다. 그러나 이것은 아무 관련 없는 여행 안내문이 아니다. 오히려 하나님이 예전에 벧엘에서 야곱에게 하신 약속을 성취하셨다는 증거다. 야곱은 여행을 위해 그가 요구했던 음식은 물론이고, 아내와 자녀 그리고 가축 무리도 함께 안전하게 약속의 땅으로 돌아왔다(창 28:21). 야곱은 하나님의 자비롭고 신실하신 공급을 통해 큰 부를 얻었다. 자기의 죄악 된 모습이 지속됨에도 불구하고 하나님께 복을 받고 있었다.

하나님이 야곱에게 약속하신 것을 성취하셨기에, 우리는 이어지는 이야기에서 야곱이 벧엘에서 맹세한 것을 이루는 내용이 나올 거라 기대할 것이다. 야곱은 그곳에 거의 다 이르렀다. 힘든 일은 끝났고, 가장 위험했던 여행 과정이 대부분 극복되었다. 그런데 야곱은 거기서 멈췄다. 그는 하나님의 집인 벧엘로 돌아가 예배할 것을 맹세했다(창 28:22). 그런데 에서와 화해한 후 숙곳에 정착해 거기서 자기를 위해 집을 지었다(창 33:17). 맹세와 실제 행동의 대조가 인상적이다. 하나님의 집을 찾지 않고 자신을 위한 집을 지었다. 그가 거기서 하나님의 관심사 대신 자기의 관심사를 추구하며 얼마나 꾸물거렸는지는 알 수 없는 일이다.

결국 숙곳을 떠나 요단강을 건넜을 때도, 야곱은 벧엘을 향해 남쪽으로 돌이키지 않고 계속해서 세겜을 향해 서쪽으로 갔다. 그렇게 야곱은 한 번도 아니고 두 번이나 하나님께 온전히 순종하지 못했다. 왜 그랬을까? 야곱은 처음 꿈을 꾼 벧엘에서 제단을 쌓기 위해 계속 나아가야 했다. 그런데 세겜에 정착해 그곳에서 제단을 쌓으며 무엇을 하고 있었던 것일까? 야곱은 세겜이 무역과 자기의 가축 떼를 위해 더 나은 곳이라고 생각했을까? 아마 그런 건 중요하지 않다고 생각했을 것이다. 벧엘은 겨우 32킬로미터 정도 떨어져 있었다. 정착한 후에도 마음만 먹으면 그곳에 갈 수 있었다. 왜 이것을 정확하게 구분하는가? 사실 세겜이나 벧엘이나 같지 않은가?

사실은 그렇지 않다. 야곱의 동기가 무엇이든 자신이 맹세한 것을 온전히 순종하며 따르지 못한 그의 타협과 실패는, 다음 장에서 볼 수 있듯 야곱과 그의 가족에게 큰 대가를 치르게 한다. 거의 순종한 것으로는 결코 충분하지 않다. 야구 경기를 볼 때는 구장에 있는 것으로 충분할 수 있지만, 하나님을 향한 순종에 있어서는 그런 정도로 충분하지 않다. 온전히 순종해야 한다. 머리로는 모두 알고 있다. 그렇다면 왜 우리는 줄곧 하나님께로 돌아가지 않고 야곱처럼 도중의 집에 정착하고자 할까? 거의 순종한 상태에서 온전하고 전적인 순종으로 짧은 발걸음을 옮기기 위해 우리 삶에 위기가 자주 필요한 이유는 무엇일까?

우리에게나 야곱에게나 그 대답은, 우리가 천성적으로 순종할 수 없다는 것이다. 위기에 직면하지 않으면, 항상 우리는 자신의 결함 있는 의로써 충분하다고 생각해 곁길로 가거나 진전을 보이지 못할 것이다. 오직 하나님이 친히 개입하여 우리에게 은혜를 주실 때만, 우리는 실제로 그분께 전심을 다해 순종할 수 있을 것이다. 데이비드 폴리슨(David Powlison)의 말에 따르면, 우리의 영적 진전은 종종 요요를 흔들며 언덕을 걷는 사람을 연상시킨다. 우리에게는 늘 오르막과 내리막이 있다. 오르막은 하나님이 자신의 영으로 우리가 순종할 수 있도록 하시는 때를 의미하고, 내리막은 주님이 우리를 우리 자신에게 맡기시는 때를 의미한다. 그럼에도 성령이 우리 마음속에서 일하시기 때문에, 일생의 과정에서 실제적인 변화와 성장이 있다. 우여곡절은 여전히 있지만, 아마도 고점은 조금 더 높고 저점은 그리 낮지 않을 것이다. 우리는 요요의 줄을 줄일 정도로 자신의 마음을 잘 알게 되어, 자기의 죄악 된 자기의존을 깨닫고 그것을 좀 더 빨리 회개하게 된다. 우리의 순종은 모두 하나님의 개입에 따른 것이므로, 우리가 자랑할 만한 게 없음을 알게 된다. 반면 우리의 죄는 모두 우리 자신이 행하는 것이다. 그러나 하나님은 우리를 죄 가운데 영원히 내버려두지 않으실 것이다. 우리 마음을 궁극적으로 주관하실 분은 하나님이지 죄가 아니다. 하나님은 항상 우리 삶을 살피신다. 하나님의 최종 목적은 우리를 거룩한 백성으로 당신 앞에 세우는 것이다.

근사한 이름이 붙은 제단

야곱은 잘못된 곳에 제단을 쌓기는 했지만, 그 제단에 '엘엘로헤 이스라엘'이라는 좋은 이름을 붙인다. 이는 강하신 창조주 하나님이 이스라엘의 하나님임을 의미하는데, 여기서 이스라엘은 민족 이스라엘이 아니라 개인 이스라엘을 가리킨다. 이제 야곱의 하나님은 창세기 31장 53절에서 야곱이 지칭하던 "이삭이 경외하는 이"일 뿐 아니라 야곱의 하나님이었다. 창세기 28장에서 야곱/이스라엘은 벧엘에서 그 하나님을 만난다. 그리고 약속의 말씀을 듣는다. 창세기 32장에서 야곱은 동일한 하나님을 브니엘에서 만나고, 그곳에서 그분의 힘과 권능을 마주한다. 타향살이 기간 동안, 야곱은 하나님의 선하심과 공급하심을 경험한다. 이 위대하고 강하고 자비로우신 하나님이, 아주 오래 전 벧엘에서 야곱이 맹세하면서 말했던 것처럼 그의 하나님이 되실 것이었다(창 28:21, 22). 야곱은 최소한 그 맹세는 지키려 했다.

그런데 이 창조주 하나님, 이스라엘의 하나님의 권능과 위엄은 어디서 가장 분명하게 드러날까? 야곱 같은 타협적인 거짓말쟁이를 구원할 수 있는 구속 계획을 세울 때가 아닐까? 하나님의 은혜로 야곱은 변화되어 이스라엘이 되고 있었다. 이는 좋은 일이다. 하나님이 그의 삶에 개입하셨고, 그는 부르심받은 대로 서서히 새로운 피조물이 되어가고 있음을 보여주는 증거가 있다. 그러나 야곱의 구원은 삶의 시작과 마찬가지로 삶의 마지막에서도 행위가 아닌 은혜로 인한 것이었다. 하나님은 우선 야곱과의 관계를 시작하기 위해 개입하셨다. 야곱이 방랑길에 올랐을 때 벧엘에서 그에게 약속하신 분은 하나님이다. 하나님은 야곱이 하나님을 찾지 않을 때도 그를 찾으셨다. 더욱이 하나님은 모태에서부터 특별한 관계로 그를 택하셨다. 그 주도적인 계획은 무척이나 심오해서, 하나님은 "그러나 내가 야곱을 사랑하였고 에서는 미워하였으며"(말 1:2-3)라고 말씀하실 수 있었다.

야곱이 그가 가진 좋은 것의 공로를 하나님께 돌렸기 때문에 하나님이 그를 사랑하시고, 에서는 그렇게 하지 않았기 때문에 미워하신 게 아니다. 반대로 하나님은 순수하고 단순하며 주권적인 은혜로 야곱에게 자신을 계시하여 그를 이스라엘로 바꾸기로 선택하셨다. 에서는 물질적으로 평안했으나 영적으로는 변하지 않은 채로 남아 있었다.

은혜의 승리

보이는가? 바로 이것이 야곱 안에서처럼 당신과 내게 하나님의 택하심이 작용하는 방식이다. 그것은 우리 안에 있는 무엇 때문이 아니라 모두 하나님의 주도하심이며 하나님의 은혜다. 우리가 이 진실을 얼마나 늦게 깨닫는지! 지난여름 휴가 중에 나는 다른 교회를 방문했다. 거기서 우리는 내 모든 존재와 내가 가진 모든 것을 하나님께 드리는 내용의 찬양을 불렀다. 그러한 내용이 아주 틀린 것은 아니다. 로마서 12장은 우리 몸을 산 제사로 드려야 함을 알려 준다. 그러나 내 주변과 나 자신을 들여다볼 때, 마치 하나님이 나로 인해 그리고 내가 그분 앞에 꺼내놓은 그 무엇으로 인해 감명받으시는 것처럼 자연스럽게 노래하는 경향이 있음을 깨달았다. 실제로 하나님은 우리 모습이나 우리가 가진 것으로 그다지 감명받지 않으신다. 하나님은 우리가 그분의 교회와 그분의 나라에 뭔가 값진 헌신을 했기 때문에 우리를 구원하시는 게 아니다. 이 세상에 우리가 유일하게 기여한 죄를 제외하고 우리가 가진 모든 것은 하나님께로부터 온다.

자동차 범퍼 스티커에 붙어 있듯 "하나님은 쓰레기를 만들지 않으신다"는 말은 사실일 수 있다. 또 우리 모두 자신의 삶을 쓰레기로 만드는 일을 잘한다는 것은 안타깝게도 사실이다. 언제든 하나님이 하시고자 하면, 우리보다 훨씬 더 재능 있는, 하나님을 훨씬 더 잘 섬길 수 있는 사람을 돌로 만드실 수도 있다. 심지어 우리가 행한 최선의 행동도 우리 마음속에 계신 성령의 개입에 따른 열매이지 우리가 자랑할 수 있는 어떤 것이 아니다. 그러나 하나님은 은혜로 말미암아 우리를 구원하기로 선택하셨다. 보잘것없고 타협하는 죄인인 우리를 하나님이 구하시는 것은, 그분을 위해 우리가 할 수 있는 것으로 인함이 아니라 순수하고 단순하며 주권적인 은혜로 인함이다.

하나님의 선하심의 이 풍성함은 그리스도의 희생으로 우리에게 주어진다. 예수님은 형제들을 위해 자신의 영광과 권능과 힘을 버리셨다. 예수님은 자기를 가장 낮은 곳, 종의 자리에 두셨다. 이는 그곳이 그분께 적절한 장소이기 때문이 아니라, 우리를 위해 가장 낮은 곳에 오셔서 우리를 그와 함께 높여주시기 위함이다. 예수님의 순종은 야곱처럼 결코 부분적이거나 불완전하지 않고 온전하고 완벽했으며, 그를 따르는 모든 이에게 영적 축복을 주기에 충분했다. 예수님은 결코 회개할 필요가 없으므로, 그분의 완벽하심은 제대로 회개하지 못하는 우리의 실패를 덮으신다. 사실 우리가 하나님께 드리는 것은 우리 자신의 것이 아니라 그리스도의 완전한 의로우심과 순종이다. 그렇게 할 때 우리는 하나님께서 진정으로 받아들이실 만한 제물을 드리는 것이다. 우리가 하나님의 보좌 앞에 서고 환영받을 수 있는 것은 오직 그리스도의 의를 입기 때문이다. 그렇다. 야곱의 경우처럼 시간이 지나면서 우리 삶에 성장이 있어야 한다. 날마다 우리 각자 안에 이스라엘은 더 많아지고 야곱은 더 적어져야 한다. 그렇다. 우리는 죄를 고백하고 보상하는 능력을 키워야 한다. 그렇게 하면 이 세상 형제들과의 관계가 평화롭고 풍성하게 회복되는 경우도 있을 것이다. 그러나 그렇지 않은 경우도 있다. 우리는 결국 야곱과 에서처럼, 완전히 대립하지는 않지만 그렇다고 온전한 친구도 아닌 상태로 끝날 수도 있다.

그렇다. 하나님이 그의 백성을 위해 사용하도록 각자에게 주신 영적 은사가 있다. 하나님은 당신을 주변 사람들에게 특별한 축복이 되도록 설계하셨다. 하나님이 당신을 위해 작정하신 공간은 다른 누구도 채울 수 없다. 그러나 당신을 구원하는 것은 당신의 성장도 당신의 인간관계도 당신의 재능도 아니다. 구원은 오직 그리스도 한 분을 통한 하나님의 은혜로 말미암은 것이다. 당신의 성공과 실패에 대한 확신과 위안을 얻기 위해 하나님만 바라보라. 우리 같은 죄인을 구원하시고, 우리를 하늘의 본향으로 안전하게 인도하시는 이스라엘의 하나님은 참으로 강하시다.

생각해 볼 문제
FOR FURTHER REFLECTION

1 회개는 미안하다고 말하는 것과 어떻게 다른가?

2 소유에 대한 에서의 태도와 야곱의 태도에는 어떤 차이가 있는 가? 어떤 태도가 당신과 더 비슷한가? 왜 그렇게 생각하는가?

3 당신은 왜 야곱이 에서와 화해한 후에도 함께 가지 않았다고 생각하는가? 이것은 우리가 누군가를 용서할 때, 상대방이 했 던 혹은 했을 수도 있는 일을 잊지 않아도 된다는 의미인가?

4 당신은 어떤 면에서 하나님께 온전히 순종하지 못하는가?

5 야곱이 삶의 시작에서처럼 삶의 끝에서도 여전히 하나님의 은 혜를 필요로 했다는 사실은 왜 우리에게 중요하며 격려가 되 는가?

Chapter
10

강함의 약함
_ 창세기 34장

성경에 나오는 디나와 세겜 사람들에 대한 이 유감스러운 일화는 도대체 무엇인가? 만일 당신이 감동적이며 고무적인 이야기를 찾으려고 성경을 읽는다면, 이 장은 당신이 찾는 부분이 아니다. 이 본문이 설교 강단에서 거의 쓰이지 않는 내용 중 하나인 것도 바로 이 때문이다. 이 내용이 어린이 성경에 등장하지 않는 데는 분명한 이유가 있다. 게다가 만일 당신이 개인적인 경건의 시간에 성경을 읽다가 이 본문을 우연히 만나게 되면, 당신은 "아이고!" 하면서 더 견디기 쉬운 부분이 나오길 바라며 넘어갈 것이다. 과연 이 본문은 성령의 감동을 받은 것이며, 바울이 말한 대로 하나님의 사람이 선한 일을 행할 능력을 갖추게 한다는 "모든 성경"(딤후 3:16-17)의 일부일 수 있을까? 절대적으로 그렇다. 우리는 악한 일이 무척이나 많이 일어나는 세계에 살고 있다. 그 악한 일을 모두 불신자들이 저지른 것은 아니다. 우리는 그리스도인으로서 그처럼 심각한 악행에 어떻게 반응해야 할까? 이 본문은 심각하게 타락한 세상에서 살아가는 우리에게 많은 것을 가르쳐준다.

악함의 승리

이 본문을 파악하려면 문맥을 보아야 한다. 이전 두 장에서는 야곱이 약함에도 불구하고 승리하는 것을 보았다. 야곱은 하나님과 그리고 사람과 씨름하여 이겼다(창 32:28). 하나님과 씨름하였고 하나님을 대면하여 만나고도 살아남았다. 그는 400명의 군대를 이끌고 온 형 에서와 마주했고, 그가 형에게서 훔친 것을 배상해 줌으로써 형과 관계를 회복했다. 두 가지 경우 모두 야곱은 강자의 위치에서 그 상황에 들어서거나 그 상황에서 벗어나지 않았지만, 모두 승리했다. 우리의 영웅에게 남은 일은 행복한 결말을 맞이하는 것이다. 다시 말해 자신이 맹세한 대로 벧엘로 돌아가, 그곳에 제단을 쌓겠다는 약속을 이행하고, 여생을 행복하게 사는 것이다.

그러나 우리가 기대한 해피엔딩 대신 이야기는 예상치 못하게 내리막길로 치닫는다. 현실의 삶은 항상 헐리우드 영화보다 더 복잡하다. 우리같이 현실을 사는 사람은 감정과 욕망이 복잡하게 얽혀 있으며, 우리 삶에 대한 이야기는 간단하거나 평탄한 경우가 거의 없다.

실제로 수많은 위대한 문학작품이 승리의 그림자 속에 부단히 잠복해 있는 이러한 비극을 담아내고 있다. 마가렛 미첼의 소설 「바람과 함께 사라지다」에서 전형적인 예를 볼 수 있다. 레트와 스칼렛은 길고 힘들었던 여정을 지난 후, 마침내 그들의 이야기가 모두 행복한 결말을 위해 짜인 것 같은 지점에 이르게 된다. 그런데 덜컹하며 내리막으로 향한다. 레트와 스칼렛은 그 후 행복하게 살아가지 않고, 레트는 관심 없다며 솔직하게 선언하고는 나가버린다. 스칼렛이 격렬하게 외친 것처럼 내일은 또 다른 날이 될 것이다. 그러나 그 이튿날이 행복할지 슬플지에 대한 물음이 남아 있다. 진정한 삶의 길은 진정한 사랑의 길처럼 순조롭게 흘러가는 경우가 거의 없다.

야곱은 해야 할 일을 하지 않았다. 그 대신 세겜에 멈추어 정착했다. 아마도 야곱의 마음이 무역과 사업에 더 큰 기회를 제공하는 세겜에 끌렸을 것이다. 그곳 사람들은 친절했다. 그들은 기꺼이 야곱이 토지를 매입해 정착하도록 했다. 야곱은 약속의 땅에서 단지 나그네로, 할아버지 아브라함처럼 이방인과 외인으로 살아가기를 원하지 않았다.

타협의 위험성

여기서 무슨 일이 일어나고 있는지 아는가? 야곱이 약속의 땅으로 돌아가자마자 타협의 위험성이 생겨났다. 이 교훈의 중요성을 이해하기 위해 우리는 이 이야기가 누구를 위해 처음 쓰였는지 기억할 필요가 있다. 이 이야기는 모세와 함께 약속의 땅에 들어갈 광야 세대를 위해 기록되었다. 그들에 대한 경고가 보이는가? 조심하라! 40년 동안 당신은 광야에서 고군분투해 왔다. 힘든 여정이었다. 당신도 약속된 복을 받기 위해 하나님과 더불어 그리고 인간과 더불어 씨름해 왔을 것 같다. 당신은 곧 약속의 땅에 들어갈 것이다. 이제 여정이 끝났으니 쉴 수 있을 거라는 생각이 들 것이다. 그러지 말라! 그 땅에 도착한 후 경계를 늦추지 말라. 우리가 이 땅을 살아가는 한, 우리 삶은 계속 경계를 늦추지 않는 순례의 과정이어야 한다. 우리는 도착했다거나 정착해서 은퇴할 수 있다고 결코 느낄 수 없다. 온전한 순종의 표지를 향해 계속 나아가야 한다.

물론 큰 성공 후에 큰 실패가 즉시 뒤따르는 이 공통적인 패턴의 이유 중 하나는, 하나님이 이러한 경험을 사용해 우리 마음에 대한 심오한 진실을 가르쳐주시기 위함이다. 잠시 하나님이 순종할 힘을 우리에게 주실 때, 우리는 이제 혼자서 날 준비가 되었다고 생각하곤 한다. 이 독립적인 생각에서 우리를 보호하기 위해, 하나님은 힘이나 능력이 우리 안에 있지 않음을 실패를 통해 배우도록 종종 우리를 우리 자신에게 넘겨주실 것이다. 야곱은 이제 자신이 하나님과 그리고 인간과 더불어 씨름하여 이겨 정말로 이스라엘이 되었다고 생각했을 것이다. 34장에서는 그가 여전히 옛날의 야곱과 상당히 같다는 것을 보여준다. 사실 34장에서 화자가 그를 줄곧 야곱이라 지칭하는 것은 우연이 아니다.

야곱이 정착하여 피상적인 순종을 보이는 동안에도 그의 종교적 활동이 계속되었다는 것은 놀랍다. 야곱은 세겜에 제단을 쌓고, 그것을 '엘엘로헤이스라엘'이라 불렀다. 이는 강하신 하나님이 이스라엘의 하나님이라는 의미다. 우리는 앞장에서 그 이름의 긍정적인 면을 보았다. 그러나 여호와께서 야곱에게 처음에는 엘엘로헤이스라엘로서가 아니라 엘벧엘(벧엘의 하나님)로서 자신을 계시하셨다. 야곱이 이 제단을 쌓은 목적은 모호한 채로 남아 있다. 우리가 '여호와는 나의 하나님이시다'라고 말할 때, 우리는 자신이 전적으로 그분에게 속하거나 아니면 그분이 전적으로 우리에게 속함을 뜻한다. 종종 우리가 실제로 뜻하는 것은 후자다. 말하자면 우리가 그분을 우리의 하나님으로 선택했기에, 적어도 대부분의 경우에 우리의 삶을 순탄하게 하며 우리의 꿈을 실현시킬 책임이 그분에게 있다는 식이다. 그러나 실상은 우리가 하나님을 선택한 것이 아니라 하나님이 우리를 택하셨다. 그분이 우리에게 속한 것이 아니라 우리가 그분에게 속했다. 우리가 우리의 형상으로 하나님을 개조하는 것이 아니라 하나님이 그리스도의 형상으로 우리를 개조하고 계신다. 그러한 개조 작업은 종종 우리 마음의 죄를 처리하기 위해 그것을 드러내시는 고통스러운 과정이다.

우리의 종교 활동은 과연 얼마만큼이나 하나님께 응답하는 것이며, 또 얼마만큼이나 하나님께 책임을 지우는 것인가? 우리가 성경을 펴거나 기도하거나 교회에 나가는 것이 하나님을 만나기 원해서가 아니라 단지 의무감에서인 경우가 얼마나 많은가? 당신이 이 물음에 양심에 가책을 느끼더라도, 이 물음이 나 같은 전문적인 종교인을 위한 것이라고 생각하기는 힘들 것이다. 대부분의 사람이 특정한 주일 아침에 교회에 가지 않고 계속 침대에 누워 있는 편을 선택할 수 있다. 그러나 나 같은 사람은 바리새인처럼 되기가 무척이나 쉽다. 하나님 말씀에 대해 전문가지만 다른 사람들에게 감명을 주어 내 자존심을 돈독히 하려는 자료를 얻기 위해 그 말씀을 펴는 사람이다.

의무 자체가 나쁜 것은 아니다. 의무는 온갖 종류의 좋은 일을 하게 할 수 있다. 그러나 하나님을 의무적으로 섬기는 사람은 탕자 비유에 나오는 큰아들처럼 혼란과 교만에 빠질 수 있다. 자신이 지닌 의지력을 갖지 못한 사람을 판단하는 것이다. 그러므로 종교 활동을 시작할 때마다 우리는 자신의 동기를 알아내기 위해 항상 마음을 살펴야 한다. 우리가 충분히 주의 깊게 살피면 종종 발견하듯 천박한 동기를 발견할 때, 그 해결책은 그런 일을 중단하는 것이 아니라, 자신에 대한 진실을 하나님께 자백하고, 우리의 하나님이신 그분을 기뻐하며, 그분에게 복종하도록 새로운 은혜를 베풀어주실 것을 간구하는 것이다. 우리 마음이 엉망일 때도 우리가 읽고 기도하며 노래하는 복음이 여전히 참되다는 사실로 인해 하나님께 감사드리자.

고통스러운 결과의 유익

하나님이 우리 마음을 우리에게 보여주시는 한 가지 방법은 편안한 타협에 따른 결과가 우리에게 임하게 하시는 것이다. 창세기 앞부분에서, 하나님이 소돔에 편안하게 정착한 롯에게 그렇게 하셨다. 여기서는 세겜에서 아주 편안하게 지내는 야곱에게 그리하신다.

때로는 우리의 경우도 그렇지 않은가? 사탄은 우리가 타협할 수 있고 그럭저럭 지낼 수 있다고 우리에게 말한다. "아무도 너를 주목하지 않아. 네가 그렇게 해도 네 행동에 대한 결과로 고통당하지 않을 거야. 아무도 관심 갖지 않아." 사탄은 이렇게 속삭인다. 그러나 사탄은 거짓말쟁이다. 죄에는 결과가 따른다. 그 결과는 대부분 끔찍하다.

그런데 항상 그런 것은 아니다. 만일 하나님이 우리 죄에 합당한 결과를 우리에게 부가하신다면 참으로 비참할 것이다. 때로 하나님은 우리 행동의 쓰디쓴 결과에서 우리를 지키시고, 또 어떤 경우에는 그 결과가 우리에게 닥치게 하신다. 왜 이처럼 다른 것일까? 좋은 아버지로서 때로 하나님은 우리를 우리 자신에게서 구해 주시지만, 우리를 구해 주시면 우리의 타협적인 자세가 더 공고해질 뿐임도 알고 계신다. 그럴 때 하나님은 우리로 하여금 지은 죄의 무게에 눌림으로써 거기서 돌이킬 수 있게 하신다. 그처럼 고난당한 결과는 하나님의 진노가 아니라 사랑의 징계이며, 죄에 중독되거나 하나님을 멀리하지 못하게 한다.

그러나 우리가 죄의 결과에 직면하는 것이 우리에게 긍정적이고 교훈적인 영향을 미친다 할지라도, 그러한 죄의 결과는 몹시 끔찍하며 추하지 않은가! 이 결과는 우리뿐 아니라 다른 사람에게까지 영향을 미칠 수 있다. 나는 간음과 이혼으로 가정이 파괴된 후 매일 자기 행동에 따른 결과로 인해 고통스럽게 살아가는 그리스도인들을 보아 왔다. 이는 그들뿐 아니라 자녀의 삶에도 영향을 미친다.

어쩌면 당신은 다른 사람이 당신에게 범한 죄의 부산물과 함께 매일 살아갈 것이다. 야곱의 경우 그의 죄로 인한 쓴 열매는 강간과 약탈과 살인을 수반했다. 이 모든 결과는 야곱이 온전한 순종에서 한참 먼 지점에 멈춰버렸기 때문이다. 야곱 개인의 실패는 가족 전체에 재앙적인 결과를 가져왔다.

우리 죄에 따른 결과가 다른 이에게 미치는 영향이나, 다른 이의 죄에 따른 결과가 우리에게 미치는 영향이, 전적으로 하나님의 주권에 달렸음을 우리는 결코 잊지 말아야 한다. 만일 그렇지 않다면 세상은 끔찍한 곳이 되고 말 것이다. 그러나 그 영향 중 어느 것도 하나님의 통제에서 벗어나 있지 않다. 하나님은 구속과 회복의 능력이라는 감미로운 결실을 맺게 하기 위해, 우리 죄로 오염된 토양을 사용하시며 또한 사용하실 수 있다. 하나님은 다른 사람이 우리에게 가한 피해와 파괴를 사용하여, 그분의 능력과 은혜를 우리의 삶 속에 보여주신다. 요셉이 자기 형제들에게 말했듯, 언제나 하나님은 우리의 악한 일을 통해서도 선을 이루도록 역사하신다.

디나 강간

그 모든 것은 디나에게서 시작되었다. 디나는 그 땅의 여자들을 보러 나갔다(창 34:1). 히브리어는 이것이 정규적으로 일어난 일이 아니라 한 번의 사고였음을 시사하지만, 그 한 번이라도 좋은 것은 아니었다. 그 땅의 여자들은 디나를 위한 좋은 역할모델이 아니었다. 27장에서 리브가는 야곱이 그런 여자들 중 하나와 결혼하지 않도록 멀리 보내기를 원했다. 십대인 디나가 지역문화에 호기심을 갖는 것은 자연스러웠지만, 야곱은 그의 아버지처럼 디나를 보호했어야 했다. 그러나 34장 전반에 걸쳐 그렇듯, 그 과정에 야곱은 없었고 수동적이었다. 야곱은 자기의 딸이 내린 선택에 개입하지 않았고, 그 결과 순수한 호기심으로 시작된 행동이 재앙으로 끝나고 말았다. 디나가 그 땅의 여자들을 본 것이 아니라, 그 땅의 남자들 중 하나인 세겜이 디나를 보았다(창 34:2). 세겜은 그 성읍 통치자의 아들이었다. 최초의 죄와 마찬가지로(창 3:6), 바라봄은 금지된 열매를 속히 먹도록 이끌었다. 세겜은 디나를 취하여 동침하고 욕되게 했다. 연속되는 세 동사는 그것이 묘사하는 사건을 반영한다. 열정적인 행동은 거의 시작하자마자 끝났다.

그러나 세겜은 디나에게 감정적으로 애착을 갖게 되었고, 디나에게 자상하게 이야기했으며(창 34:3), 디나와 결혼하기 위해 자신을 대신해 부탁해 줄 것을 아버지에게 요청했다. 세겜의 제안은 구혼과 결혼에 대한 현대의 서구적 관점에서 이상하게 보일 수 있다. 어떤 자존심 있는 여성이 그런 상황에서 기꺼이 혼인관계를 맺으려 하겠는가? 그러나 우리는 문화적 상황이 다름을 기억해야 한다. 디나 시대 여자들의 삶은 힘들었다. 결혼이 안전의 유일한 방편이던 문화에서, 디나는 '손상 입은 물건'으로 간주되었을 것이다. 그런 암담한 상황에서라도 결혼하는 것이 독신으로서 사회적으로 위험한 처지에서 늙어가는 것보다는 나았다. 세겜의 제안은 자기 행동에 대한 일종의 배상이었음을 보여준다.

하몰의 제안

야곱은 디나의 부정함을 듣고 적절하게 반응하지 못했다. 그 대신 아들들이 들에서 돌아올 때까지 수동적으로 기다렸다. 디나가 레아의 딸이 아니라 라헬의 딸이었다면 다르게 반응했을지 궁금하다. 야곱이 반응을 보이지 않은 것은, 누이가 당한 일에 크게 격노한 그의 아들들과 현저히 대조된다. 그들은 말하기를, 그러한 일은 치욕스러우며 이스라엘에서(혹은 이스라엘에게) 행하지 못할 일을 했다고 했다(창 34:7). 실제로 그것은 있어서는 안 되는 일이었다. 그들의 진노는 적절했다. 사실 그것은 이스라엘의 법전은 물론이고 고대 근동 대부분의 법전에도 위배되는 범죄였다. 그러나 타락한 세상에서 치욕스러운 일은 정기적으로 일어난다. 당신이 이교도 도시 옆에 정착하기로 선택한다면 특히 그러하다(창 33:18).

디나와 결혼하기 위한 세겜의 제안에 비추어 볼 때, 이제 그가 직면한 중요한 물음은 '우리가 다음에 무엇을 해야 하는가?'였다. 세겜의 아버지 하몰이 협상으로 제시한 것은 단순한 결혼 제안 그 이상이었다. 그것은 하나의 공동체가 되자는 제안이었다. 이스라엘 백성과 세겜 사람이 한 민족으로 함께 살아가고 서로 결혼하며 운명을 공유하게 될 것이었다. 두 가문의 분열에 대한 전조였던 창세기 13장 9절의 "네 앞에 온 땅이 있지 아니하냐"라는 구절이 여기서는 두 가문의 잠재적 연합에 대한 전조가 되었다(창 34:10). 하몰이 이스라엘에게 제안한 것은 통혼을 통해 땅을 소유하는 분명한 지름길이었다. 의미심장하게도 하몰이 창세기 34장 10절에서 사용한 아하즈('기업을 얻으라')라는 동사는, 창세기 17장 8절에서 아브라함에게 땅을 영원한 기업으로 주겠다고 하신 하나님의 약속에서 쓰인 '기업'(아후자)이라는 단어와 관련이 있다.

세겜은 직접 나서서 야곱과 그의 아들들에게 은혜를 입고, 자신의 범죄에 대해 정당하게 배상할 수 있게 해줄 것을 겸손히 요청했

끈질긴 은혜에 붙들린 삶

다(창 34:11-12). 고대 근동의 법전에 따르면 그것은 적절한 대응이었다. 그 법전들은 성경과 마찬가지로 가해자가 신부값을 더 많이 지불해야 함을 명시한다. 그러한 용서와 호의가, 야곱이 에서에게 구하여 받은 것(창 33:10)이라는 사실이 세겜의 말에 무게를 더했을 것이다.

이교도가 자신의 죄를 상쇄하고자 옳은 일을 했다는 것이 아이러니하다. 그러나 더 큰 그림에 비추어 볼 때, 야곱과 그의 아들들은 하몰의 제안을 받아들일 수 없었다. 그 땅은 주변 족속과의 통혼이 아니라 하나님의 선물로 주어지는 것이었다. 에서와 더불어 그랬듯, 세겜의 죄는 용서받고 호의적인 관계로 회복될 수 있었겠지만, 에서의 경우처럼 세겜과 한 족속이 될 수는 없었다. 그들의 소명은 그 땅에 살고 있던 사람들과 구별되는 공동체를 이루는 것이다. 따라서 그들은 세겜의 요청에 대해 그렇게 할 수 없는 이유를 설명하며 정중히 거절했어야 했다.

그 과정에서 그들이 주변 민족에게 축복이 되는 기회가 실제로 생길 수도 있었다. 그들은 하몰과 세겜에게 하나님의 은혜에 대해, 그리고 회개하고 믿음으로 하나님께 나아가는 죄인에게 베푸시는 용서에 대해 말해 줄 수 있었다. 그들은 아브라함에게 주신 하나님의 약속에 대해, 그리고 그 약속이 민족 정체성에 얼마나 중요한지를 상기시켜줄 수 있었다. 심지어 하나님의 예배자가 되어 믿음으로 하나님의 백성과 연합하도록 야곱은 세겜을 초청할 수 있었다. 하나님의 백성은 이교도와 통혼하지 말아야 했지만, 후에 라합과 룻의 사례가 보여주듯 이교도가 예전의 충성에서 돌이켜 하나님 백성의 일부가 되는 길은 항상 열려 있었다. 그것은 야곱이 개인적인 경험을 통해 복음의 좋은 소식을 나눠줄 좋은 기회일 수 있었다.

기만적인 전략

그러나 야곱은 은혜로운 진실로 반응하기는커녕 아예 반응하지 않았고, 야곱의 아들들은 치욕스러운 전략으로 반응했다. 그들은 아버지의 슬하에서 배웠다. 야곱이 형의 장자권을 훔치기 위해 자기 아버지를 속인 것처럼(창 27:35), 이제 야곱의 아들들은 세겜의 무고한 거민들을 학살하기 위해 하몰을 속인다(창 34:14).

게다가 야곱 아들들의 거짓된 반응은 종교적인 형태로 은폐되었다. 야곱의 아들들은 하몰의 제안에 진실한 진술과 적절한 응답으로 시작했다. "우리는 그리하지 못하겠노라 할례 받지 아니한 사람에게 우리 누이를 줄 수 없노니 이는 우리의 수치가 됨이니라"(창 34:14). 그러나 결혼의 전제조건으로 하몰에게 내적인 변화를 요구하기보다는 외적인 변화를 요구했다. 그들이 오로지 요구한 것은 언약의 증거로서 공동체의 모든 남자가 할례를 받아야 한다는 것이었다.

디나를 기뻐하는 마음에 세겜은 지체없이 반응했다. 그와 그의 아버지는 중요한 사람들이 모여 결정을 내리는 성문으로 가서, 야곱 아들들의 제안을 성읍 사람들에게 알렸다(창 34:19-23). 그들은 이 새로운 집단과 결합하여 얻게 될 경제적 이익에 근거해, 그리고 역설적이게도 이스라엘 백성의 기질이 평화적일 것이라고 추측하여 동료 거민들을 설득한다. 할례 행위에 종교적인 의미가 담겨 있지 않다는 것이 모든 관계자들에게 분명해졌다. 그것은 이스라엘 백성이 갖고 있던, 형식에 불과한 괴상한 문화적 관습으로 여겨졌다(창 34:22). 이 형식적 행위가 끝나면 두 족속은 하나가 될 것이었다.

어느 편도 할례라는 언약 징표의 소중함을 진지하게 받아들이지 않았다. 그러한 태도는 이교도에게서나 예상되는 것이지만, 야곱과 그 가족의 영적 상태에 대한 서글픈 묘사가 되었다. 그들은 할례라는 종교적 형식을 부당한 이익을 얻기 위해 이용했다. 그래서 시므온과 레위는(이들이 레아의 아들이라는 것은 우연의 일치가 아니다) 세겜의 무고한 거민들을 더 쉽게 학살할 수 있었다. 할례는 다른 족속과 언약적으로 분리됨을 나타내는 표지로 여겨져야 했다. 그런데 그들은 가나안 족속이 믿음을 공유한다는 조건이 아니라, 그들의 종교적 관행을 공유한다는 조건에서 가나안 족속과 한 족속이 될 것을 제안했다.

이것은 현대 교회에서도 볼 수 있는 위험이다. 때로 우리는 예비 신자를 교회로 데려오는 일에 지나치게 열중한 나머지, 입교 조건을 최소한으로 낮춘다. 사람들의 기분을 상하게 할까 두려워, 우리는 그리스도와 그분의 교회에 공개적으로 자신을 헌신했든 안 했든 참여하기 원하는 사람에게 주의 만찬을 허용한다. 심지어 부모가 확실한 신앙고백을 했든 안 했든 상관없이 그 자녀에게 세례를 주기도 한다. 그러나 만일 그렇게 한다면, 우리는 결국 언약 공동체 밖에 있는 자들과 우리를 구분 짓는 선을 지워버리게 되며, 예비 신자들이 제자로 나아가기 위해 필요한 모든 것도 잃게 될 것이다. 때로는 제자도가 모든 그리스도인에게 필수적인 표지가 아니라 탁월한 소수의 그리스도인을 위한 추가적 선택사항인 것처럼 여겨진다. 그 과정에서 우리는 더 큰 종교적인 계획을 세우지만, 우리가 그리스도의 교회로서 받은 임무를 수행하는 데 실패할 수 있다.

시므온과 레위의 형제들은 학살에 가담하지 않았지만 성읍을 노략질하는 데는 기꺼이 동참하여, 못 박히지 않은 모든 것을 빼앗아 갔다(창 34:27-29). 이 이야기 전체에는 선택적인 도덕성이 자명하

끈질긴 은혜에 붙들린 삶

다. 그들은 세겜이 디나를 더럽힌 짓에 대해서는 분노했지만, 시신에게서 노략질하여 자신을 더럽힌 것에 대해서는 분노하지 않았다 (창 34:27). 그들은 세겜이 디나를 취한 것에 분노하면서, 세겜의 양과 소와 나귀와 재물과 함께 여자와 아이들까지 취했다(창 34:29). 한 여인을 데려간 죄가 복합적인 형태로 보복되었다. 이스라엘인들이 약속의 땅에 살던 사람들보다 어떤 면에서도 도덕적으로 더 낫지 않다는 것이 분명해졌다.

야곱의 반응

야곱은 가장으로서 몇몇 아들의 이 잔혹한 행동에 어떻게 반응했는가? 도덕적 분노의 말이 그의 입에서 한마디도 나오지 않았다. 그가 한 말은 이것이 전부였다. "너희가 내게 화를 끼쳐 나로 하여금 이 땅의 주민 곧 가나안 족속과 브리스 족속에게 악취를 내게 하였도다 나는 수가 적은즉 그들이 모여 나를 치고 나를 죽이리니 그러면 나와 내 집이 멸망하리라"(창 34:30).

여기서 사용된 대명사에 주목했는가? 그것은 거의 '나는' '나를' 혹은 '나의'다(한 절에 여덟 번이나 나옴). 야곱이 싫어하며 개탄한 것은 아들들의 죄가 아니라, 그들의 범죄가 자신에게 미칠 수 있는 부정적인 영향이었다. 야곱은 그들이 행한 것을 거룩하신 하나님에 대한 죄가 아니라 전술적인 실책으로 여겼다. 사실 그 형제들은 야곱에게 말하면서 도덕성에 대한 물음을 제기했다. "그가 우리 누이를 창녀 같이 대우함이 옳으니이까"(창 34:31). 그리고 야곱은 또 다시 침묵했다. 야곱은 애당초 세겜이 저지른 범죄에만 초점을 맞추고, 화해와 배상을 위한 그의 노력을 일절 무시한 아들들의 어설픈 자기 합리화를 받아들이는 것처럼 보였다. 화해하고 배상하고자 한 사람의 죄가 공동체 하나를 전멸시키기에 충분한 이유가 될까? 누가 그들을 신성한 심판의 대행자로 지정했는가? 만일 에서가 망가진 관계를 회복하고자 한 야곱의 노력에 유사하게 반응했더라면 야곱과 그 가족은 어떻게 되었을까?

상승과 하락. 성공과 실패. 우리는 야곱을 어떻게 생각해야 할까? 한때 그는 하나님이나 사람과 더불어 씨름하여 이긴 이스라엘이다. 그다음에는 잔혹 행위에 대해 타협하는 방관자다. 그가 우리와 많이 닮았다는 것 외에 우리가 무슨 말을 해야 할까? 아마도 우리는 개인적으로 그런 대량 학살을 범한 적이 없을 것이다. 우리의 죄는 그보다 평범한 것이다. 그러나 좋은 소식은 하나님이 아직 야곱에 대한 일을 마치지 않으셨다는 것이다.

이는 놀라운 사실이 아닌가? 야곱의 계속되는 죄악에도 불구하고 기만당한 사기꾼은 이스라엘의 전능하신 하나님 엘엘로헤이스라엘께 버림받지 않았다. 계속되는 실패에도 야곱은 '거부당한 자'라는 낙인이 찍혀 치워지지 않았다. 오히려 하나님은 그에게 다시 나타나(창 35:1) 그로 하여금 절뚝거리며 처음으로 돌아가게, 모든 것이 시작된 벧엘로 돌아가게 하신다. 거기서 야곱은 자신의 연약함을, 입고 있던 옷 외에는 아무것도 갖지 못한 채 형에게서 달아날 때 그의 목숨이 위태로웠던 상황을 떠올리게 될 것이다. 그곳에서 야곱은 자신이 세우겠다고 맹세했던 제단을 세우고, 그 위에 희생을 바치도록 부르심을 받을 것이다.

세겜과 죄에 대한 해결책

당신은 죄의 심각한 문제를 어떻게 다루는가? 한 가지 물음이 해결되지 않은 채로 그 기사는 끝난다. 세겜은 그런 식으로 행동했어야 했나? 결코 그렇지 않다. 그러나 야곱이나 그의 아들들도 그처럼 행하지 말았어야 했다. 당신은 죄를 어떻게 처리하는가? 한 가지 방법은 디나의 형제들처럼 죄인을 학살하는 것이다. 우두머리의 죄로 모든 사람이 죽게 내버려두는 것이다. 이것은 추악한 죄에 대한 인간의 자연스러운 반응이며, 거기에는 특정한 정의가 존재한다. 그러나 이러한 접근법의 문제는 이것이 지속적인 평화를 확립해 주지 못한다는 것이다. 이 방법은 죄를 심오한 면에서 다루지 않는다. 악을 이기게 하지 못하며, 그저 죄인을 제거할 뿐이다. 분명 도덕적인 악은 징벌당하는 것이 마땅하며, 큰 죄악은 심각한 징벌을 받아 마땅하다. 어떤 죄악은 인간적인 차원에서도 사형에 합당하며, 그러한 공의가 실행될 때 우리가 기뻐하는 건 당연하다. 하나님은 이 세상에서 악을 제지하실 뿐 아니라, 로마서 13장에서 바울이 말하듯 통치자들에게 권한을 주셔서 당신의 심판을 대행하게도 하신다. 설령 그들의 모든 심판에 결함이 있고 그들의 판단력에 한계와 오류가 있더라도 그렇게 하신다. 모든 악을 하나님이 친히 적절하게 심판하실 마지막 심판의 날이 도래할 것이다. 그때는 누구도 자신의 행위에 대해 핑계치 못할 것이다.

그러나 여기서 우리 자신의 죄에 대한 물음이 생긴다. 우리는 자기 마음속의 죄에 대해서도 도덕적으로 격분하는가? 예수님의 말씀에 따르면, 살인죄는 육체적 살해에 국한되지 않고 분노하는 생각과 말에까지 적용된다(마 5:22를 보라). 우리의 행동은 물론이고 우리의 생각과 말로 다른 사람에게 가하는 해악은 어떠한가? 어쩌면 당신은 다른 사람이 성적인 죄악에 빠지도록 유도하거나 속였을지도 모른다. 어쩌면 당신은 야곱처럼 가만히 서서 침묵하면서 부당한 일이 일어나도록 허용할지도 모른다. 어쩌면 당신은 야곱처럼 사람을 두려워하거나 자기 의에서 기인한 분노에 사로잡혀 있지만, 지금까지 하나님이 그런 마음이 표출되는 상황에 당신을 두시지 않았을 수도 있다.

우리는 모두 자신의 죄로 죽어 마땅하며 그 누구도 예외가 아니다. 시므온과 레위처럼 죄인들을 없애는 것도, 야곱이 원했던 것처럼 죄를 간과하는 것도 악을 제대로 처리하는 방법이 아니다. 죄와 악을 처리할 또 다른 방법이 있을까? 죄의 끔찍함을 적절히 처리하되, 그 죄를 지은 자에게 다가가서 그를 구해낼 방법이 있을까? 우리가 다른 사람들로 인해 겪는 해악과 다른 사람에게 가하는 해악(이것은 거룩하신 하나님 앞에서 참으로 사악하고 무서운 범죄다)을 처리하되, 우리같이 잃어버린 바 된 영혼을 구원하기 위해 여지를 남기는 방안이 있을까? 우리가 범한 죄악에 대해 공의와 용서를 동시에 만족시키는 방안이 있을까?

십자가에 있다. 마침내 야곱이 벧엘로 가서 그가 세운 제단에서 제사를 드렸을 때, 그는 십자가를 내다보는 일을 하고 있었다. 그가 드린 흠 없는 어린 양은 그의 아버지 이삭이 들려주던 이야기를 그에게 상기시켰어야 했다. 그것은 이삭이 희생제물로 바쳐질 뻔했으나 하나님이 그를 대신해 숫양을 친히 마련해 주시던 날에 대한 이야기다(창 22장). 죄의 삯은 사망이며, 그 삯은 반드시 지불되어야 한다. 우리에게 범해진 악이든 우리가 다른 이에게 범한 악이든, 악은 심각한 것임을 십자가는 우리에게 상기시킨다. 자기 행동에 대한 대가를 지불하기로 선택한 자들을 기다리는 것은 바로 지옥이다. 예수님은 자기 백성의 모든 죄에 대한 대가를 치르기를 기다리셨다. 내 죄악으로 인해 하나님이 친히 지옥의 고통을 견디셔야 했다. 하나님의 어린 양이신 예수 그리스도께서 십자가에서 당하신 것이 바로 아버지로부터 분리되는 처절한 고통을 견디는 일이었다. 십자가에서 하나님은 우리의 죄악을 철저히 대신 지시고, 아울러 흠 없는 대속제물을 우리를 대신해 제공하셨다. 우두머리의 죄로 그 주민들이 죽은 세겜의 경우와 달리, 왕의 왕께서는 자기 백성의 죄를 위해 죽으셨다. 이것이 바로 단번에 죄악을 처리함과 동시에 죄인을 구원하시는 하나님의 방법이다. 하나님은 우리 죄를 취하여 그리스도와 함께 십자가에 못 박으셨고, 우리의 죄가 어떠하든지 간에 그것을 처리할 수 있는 복음을 주셨다. 이 위대한 구속의 밖에 있는 사람은 아무도 없다. 벧엘의 하나님은 하나님의 양이신 예수 그리스도의 죽음을 통해 우리의 모든 죄를 용서하시고, 우리를 그분의 임재 속으로 받아주실 만큼 강하시다.

끈질긴 은혜에 붙들린 삶

생각해 볼 문제

1 우리 죄의 결과로 고통 받는 것이 때로는 좋은 일인 이유는 무엇인가?

2 왜 야곱과 세겜은 '그저 잘 어울려 지낼' 수 없었을까? 우리가 세상과 연관될 때의 한계는 무엇인가?

3 어떻게 우리는 자신의 이익을 위해 종교를 가면으로 삼고자 하는 유혹을 받을 수 있을까?

4 언약 공동체 안에서 우리는 어떤 면에서 죄를 적절하게 다루지 못하는가?

5 그토록 심각한 죄에 대한 하나님의 해결책은 무엇인가?

Chapter
11

벧엘로 돌아가기
_ 창세기 35장

내 매형은 보트 타기를 좋아한다. 매형이 최근 내게 자기 친구의 경험에 대해 이야기했다. 그는 영국 남쪽 부근의 해안에서 안전보트를 운행하는 친구였다. 그가 보트를 몰고 가는 중 조류에 떠다니는 빈 보트를 발견했다. 그는 그 보트를 적절히 견인하여 조류를 거슬러 갔다. 그때 누군가 그에게 "이봐요! 그건 내 보트요!" 하고 외쳤고, 그는 보트를 주인에게 돌려주었다. 그 보트는 왜 표류하고 있었을까? 그 보트는 주인이 내려둔 닻에 여전히 묶여 있었다. 그러나 주인은 그 지역에서 조류가 크게 오르내린다는 것을 몰랐고, 닻에 충분한 줄을 감아두지 않았다. 결국 조류가 밀려들자 보트가 들려올라왔고 닻이 고정된 바닥에서 이탈하면서, 주인이 안전하게 묶어놓았다고 생각했던 보트는 표류하게 되었다.

창세기 34장의 시작 부분에서 야곱은 안전하게 닻을 내렸다고 생각했지만, 결국 우리는 표류하는 야곱을 34장에서 보게 된다. 그는 약속의 땅으로 돌아와 과거의 죄를 적절히 회개하며 형 에서를 만나는 역경을 이겨냈다. 그러나 그 후 원래 맹세한 대로 벧엘로 곧장 돌아가지 않고, 처음에는 숙곳에 그다음에는 세겜에 정착했고 표류가 시작되었다. 그러다 약 15년 후 창세기 34장의 사건들로 마감된다. 보트가 조류에 수동적이었던 것처럼, 야곱이 34장 전반에 걸쳐 수동적이었던 것은 우연이 아니다. 우리는 일부러 표류하려고 결심할 필요가 없다. 표류는 미처 알지 못하는 중에 자연스럽게 일어난다. 당신 주변의 조류는 당신의 닻이 단단한 바닥에서 떨어질 때까지 점진적이고 조용하게 당신을 들어올리고, 당신이 그것을 알아차리기도 전에 당신은 떨어져나간다. 종종 그러하듯 하나님께로 다시 돌아오게 하기 위해서는 삶 속에 위기가 필요했다.

역경을 통해 순종으로 나아감

왜 이리 자주 그러는 것일까? 이 물음에 대한 답은 두 가지라고 생각한다. 하나는 우리도 이스라엘과 그의 자녀들처럼 완고하고 목이 뻣뻣한 사람이라는 것이다. 야곱의 삶에 자기의 죄와 아들들의 죄로 위기가 닥쳤다. 딸 디나가 세겜에게 강간당한 후 야곱은 어떤 의미 있는 방식으로도 대응하지 못했고, 그의 아들들은 종교를 구실로 세겜 족속에게 보복했다. 인간적으로 말하면 그 사건은 이스라엘 이야기의 끝일 수도 있었다. 그들은 그 땅 주변에 살던 사람들에게 수적으로 크게 압도되었다. 만일 가나안 족속과 브리스 족속이 복수하고자 했다면 그의 가족 전체가 쉽게 학살당했을 수도 있다. 그러나 철저히 보복하려는 시도는 없었다. 왜 없었을까? 하나님이 야곱과 그의 가족을 보호하셨기 때문이다(창 35:5). 하나님이 예전에 라반의 진노에서 야곱을 안전하게 지키기 위해 개입하신 것처럼, 그들에 대한 거룩한 두려움이 주변 나라들을 엄습하게 하셨다. 야곱은 자신의 안전에 대해 걱정할 필요가 없었다(창 34:30). 야곱의 걱정은 하나님을 고려하지 못했기 때문이었다. 야곱의 죄악 된 표류와 그로 인한 끔찍한 결과에도 불구하고, 하나님의 섭리적 돌보심은 여전히 그에게 미쳤다.

그러나 이 질문에 대해 우리가 놓치지 말아야 할 또 다른 면이 있다. 처음 야곱을 만드시고 이스라엘로 변화시키신 주권적인 하나님은, 그를 죄악 된 표류에서 쉽게 되돌려 놓으실 수 있었다. 그분은 야곱을 더 단호하고 신실한 부모로 만드실 수 있었다. 그분은 야곱의 죄가 그토록 끔찍한 열매를 맺기 전 야곱에게 나타나, 그의 죄를 더 일찍 제지하실 수 있었다. 그런데 왜 그렇게 하지 않으셨을까? 그것은 하나님의 은혜와 자비가 다른 어떤 것보다 이러한 방식으로 야곱과 세상에 더욱 분명하게 나타날 것이기 때문이었다. 야곱의 죄는 온전히 그가 책임져야 했다. 야곱의 실패와 단점은 현실적이며 개인적인 것이었다. 그러나 결국 그토록 극적인 도덕적 재앙으로 끝난, 느리며 알아차릴 수 없게 하나님에게서 멀어지는 일조차도 하나님의 주권 밖에 있지 않았다. 하나님은 자기의 영광을 위하여 그리고 야곱에게 자신의 사랑과 자비와 은혜를 더욱 분명히 보여주기 위하여 그 방법을 사용하셨다.

이는 우리에게도 동일하게 적용된다. 우리 죄가 느리고 알아차릴 수 없는 (하나님으로부터의) 표류든 극적인 도덕적 실패의 행위든 간에, 우리 죄에 대한 책임은 우리 자신에게 있다. 그러나 하나님의 주권은 우리 죄로 무효화 되지 않는다. 종종 우리는 눈에 보이는 죄가 우리 자존심을 해치고 공개적으로 체면을 잃게 하기 때문에, 매일의 죄로 인한 표류보다 이목을 집중시키는 도덕적 실패를 훨씬 더 두려워한다. 우리가 그런 식으로 죄를 지을 때, 사람들은 우리 마음속에 실제로 있는 것을 보게 되고, 우리는 더 이상 영적 깊이가 있는 사람인 척했던 가식을 지속할 수 없게 된다. 그러나 우리의 공개되고 가시적인 죄는 하나님께 늘 분명하던 것을 다른 사람에게도 분명해지게 한다. 그것은 우리 모두 혼자 남겨지면 하나님께 잠시라도 신실할 수 없는, 본질적으로 냉담하고 반역적인 사람이라는 사실이다. 사실 때로 하나님의 은혜 안에서, 결국 우리가 영적으로 적절한 사람인 척하는 것에 충격을 가하고 실상에 직면하도록 압박하는 것은 바로 우리 죄의 가시화다.

이 위기를 통해 야곱은 창세기 34장에서는 볼 수 없었던, 결단력 있는 영적 지도력을 발휘하게 된다. 물론 야곱에게 변화를 가져온 것은 위기 그 자체가 아니다. 많은 사람이 끔찍한 일을 겪어도 그것으로 변화되지 않는다. 야곱을 변화시킨 것은 잃어버린 죄인을 찾기 위해 다시 한번 찾아오신 은혜로우신 하나님의 주도적 개입이었다. 창세기 35장의 첫 문구인 "하나님이 야곱에게 이르시되…"가 얼마나 놀라운지 아는가? 야곱은 다시 기회를 날려버린 참이었다. 그는 먼저 세겜의 상업적 이점에 끌려 벧엘에서 행할 그의 영적 의무를 이행하지 않았고, 그다음에는 그의 아들들이 미쳐 날뛰는 것을 허용하며 가족 안에서 적절한 지도력을 포기해 버렸다. 그러나 그러한 개인적이며 가족적인 혼란 가운데서도 하나님은 자비롭게 야곱에게 말씀하셨고, 하나님과의 관계로 돌아오라고 부르셨다.

진정한 변화는 항상 이런 식으로 일어나는 것이 아닌가? 영적 탄

생과 마찬가지로 영적 회복의 첫 단계도 항상 하나님에게서 비롯된다. 있는 그대로 방치된 우리 마음은 하나님을 향해 얼음처럼 차갑다. 우리는 빠르게 타협에 빠져들고, 그릇된 목표와 우상의 매력을 받아들인다. 물질은 항상 질서에서 무질서로 나아간다는 열역학 제2법칙은 우리 영혼에도 적용된다. 그러나 우리 하나님은 자신이 선택하여 언약을 맺으신 자들을 버리지 않으실 것이다. 그래서 하나님은 야곱에게 오신 것처럼 우리에게 오시고, 우리가 돌아오도록 부르셔서 하나님과 함께 다시 걷게 하신다.

게다가 우리 하나님은 자기 백성에게 부단히 인내하신다. 하나님이 야곱의 삶에 이런 식으로 개입하신 것은 처음이 아니다. 이와 유사한 패턴이 창세기 30장의 끝부분에도 있다. 거기서도 야곱은 라반에게 고용되어 물질적 성공 속에 편안히 정착해 버렸고, 분명 하나님의 약속과 약속의 땅에 대해 철저히 잊고 있었다(창 30:43). 그때도 하나님은 야곱의 삶에 위기가 닥치게 하여 편안하고 게으른 생활을 흩어놓으셨고, 그 후에 오셔서 자비롭게 그를 불러 그의 임무에 대한 신실함을 회복시키셨다(창 31:3). 이와 비슷한 패턴이 당신의 삶에도 있는가? 내 삶에는 있다. 거듭해서 우리는 하나님을 열정적으로 추구하는 데서 벗어나 다른 것을 추구하는 데 빠져들고, 편안하고 미지근한 태도에 둘러싸인다. 결국 하나님은 시련과 실패를 통해 개입하시고, 우리를 다시 자신에게로 부르신다.

때로 나는 진정으로 기도한 지 한 주, 두 주 혹은 한 달이나 지났음을 자각하며 잠에서 깬다. 내가 설교를 준비하도록 부르심받았다는 것이 참으로 큰 축복임을 깨닫는 것도 바로 이 때문이다. 내가 부단히 하나님의 말씀 안에 있고 복음을 탐구하는 훈련이 필요하다는 사실은, 우리 회중을 위해서는 물론이고 나 자신의 영혼을 위해서도 소중하다. 그것이 없으면 내 영혼은 마른 잎처럼 시들어버리고, 나는 가장 최악의 죄인인 그저 전문적인 종교인이 될 뿐이다. 감사하게도 하나님은 극적이며 개인적인 타락에서 멀어지도록 나를 지켜주셨지만, 분명 그것은 내가 행한 그 무엇 때문이 아니다.

정결함으로 부르심

야곱은 하나님의 부르심을 들었고 그것을 그의 가정에 확산시켰다. 일어나서 모든 이방 신을 없애고, 자신을 정결케 하며, 올라가서 예배하자! 34장에서 반복되던 오염에 대한 주제 이후, 이제는 정화에 집중할 때다. 야곱이 가족에게 전한 정결함으로의 부름이 시편 24편 3-6절에서 우리 각자에게 확장된다.

끈질긴 은혜에 붙들린 삶

여호와의 산에 오를 자가 누구며

그의 거룩한 곳에 설 자가 누구인가

곧 손이 깨끗하며 마음이 청결하며

뜻을 허탄한 데에 두지 아니하며

거짓 맹세하지 아니하는 자로다

그는 여호와께 복을 받고

구원의 하나님께 의를 얻으리니

이는 여호와를 찾는 족속이요

야곱의 하나님의 얼굴을 구하는 자로다(셀라)

이 구절과 야곱이야기 간의 연관성은 '야곱의 하나님'이라는 언
급을 훨씬 넘어선다. 이 시편은 '거짓'(*miramah*; 시 24:4) 맹세하지
않는 자에 대해 말한다. 이것은 야곱이야기의 핵심 단어다(창 27:35;
29:25; 34:13를 보라). 그런 사람은 야곱이 벧엘에서 그랬듯(창 28:11)
하나님의 거룩한 곳에(*maqom*)에 설 수 있고, 하나님의 얼굴을 구
하며, 브니엘에서 야곱이 하나님과 만난 것을 따라하고자 한다(창
32:30). 그는 야곱의 모든 노력의 목표였던 하나님의 축복을 받을
것이다.

그러므로 이 시편에서 하나님께 받아들여지는 사람은 어떤 점에

서 야곱과 같다. 더 정확히 말하면 구주이신 하나님께 '의'(체다카)를 받아, 은혜로 말미암아 야곱으로부터 변화된 이스라엘과 같다. 이 의는 본래 그 자신의 것이 아니다. 이것은 하나님의 선물이다. 그러나 창세기 35장에서 야곱의 경우와 같이, 하나님의 부르심은 필연적으로 신자의 삶을 정결하게 한다. 변화된 마음은 반드시 변화된 행동으로 이어진다. 하나님의 은혜를 받은 자로서 우리는 우리를 오염시키고 파괴하는 것을 물리치고, 부단히 우리를 표류하게 하는 것에 저항하도록 부르심받았다. 우리는 하나님의 은혜로 그분의 축복을 받을 수 있도록 매일 우리의 첫 사랑을 새롭게 하고, 우리를 쉽게 미혹하는 것을 멀리하며, 하나님과의 친밀한 만남을 추구하도록 부르심받았다.

야곱과 그 가족의 경우처럼 우리에게도 정결함은 우리의 우상, 즉 라헬이 여행에 가져왔던(창 31:19를 보라) 이전 생활방식과 사고방식에 대한 모든 유물을 묻어버림으로써 시작된다. 십계명이 다음과 같은 일관된 명령으로 시작되는 이유가 있다.

나는 너를 애굽 땅, 종 되었던 집에서 인도하여 낸 네 하나님 여호와니라 너는 나 외에는 다른 신들을 네게 두지 말라 너를 위하여 새긴 우상을 만들지 말고 또 위로 하늘에 있는 것이나 아래로 땅에

있는 것이나 땅 아래 물 속에 있는 것의 어떤 형상도 만들지 말며

_출 20:2-4

순전한 마음은 살아계신 하나님께 대한 참된 예배에서 시작되
며, 그것과 분리될 수 없다. 우리 문화권에서 흔한 실수는, 사람들이
복음의 기초 없이도 기본적인 도덕을 받아들이도록 부르심받았다
고 생각하는 것이다. 이 주장의 결과는 기껏해야 사람들의 삶을 깊
이 있게 변화시킬 힘이 없는 율법주의일 뿐이다. 그것이 죄를 가려
줄 수는 있지만 죄를 해결해 주지는 못한다. 하나님의 완벽한 율법
일지라도 율법만으로는 성화시킬 수 없다. 오히려 그것은 종종 율
법을 어기는 경향이 있다(롬 7:7-12).

결국 율법은 엄청난 잔소리의 한 형태다. 당신은 문을 닫아라, 세
수해라, 똑바로 앉아라, 입을 다물고 음식을 씹어라, 네 어린 여동생
을 가만히 둬라 혹은 미안하다고 말하라는 어머니의 말을 들은 때
를 기억하는가? 그럴 때 "알았어요, 어머니!"라고 기꺼이 대답했는
가? 그렇게 하지 않았을 것이다. 불평하며 억지로 순종하거나 잔소
리를 무시하고 하고 싶은 대로 했을 것이다. 율법에 대해서도 마찬
가지다. 우리는 율법에 대해 완고한 마음으로 마지못해 순종하거
나, 그 부단한 음성을 무시하고서 죄악에 빠져든다. 마음의 참된 순

수함은 삶을 변화시키는 복음의 힘에서 흘러나온다. 우리는 우리가 섬기는 하나님의 참된 속성을 온전히 이해하고, 우리를 얽매는 옛 우상숭배를 묻어버릴 때 자유롭게 그분을 섬길 수 있다.

우리의 우상은 늘 우리에게 뭔가를 준다고 약속한다. 나는 최근 파리의 루브르 박물관에 있었는데, 거기에는 야곱과 그의 가족이 묻은 것과 같은 자그마한 가정용 우상들이 전시되어 있었다. 그것 대부분은 황소나 임신한 여자의 형상을 새긴 작은 조각상이었다. 그것은 사람들의 꿈과 열망, 고대 사람들이 자신의 삶을 성공적이며 가치 있게 만들기 위해 필요하다고 생각한 것을 상징했다. 그들은 자신의 삶을 의미 있게 하기 위해서는, 먹을 음식을 얻게 해줄 소유물과 자신의 이야기를 이어 나갈 자녀가 필요하다고 생각했다. 그리고 그 우상들은 그러한 선물을 가져다줄 힘이 없음에도 그 선물을 그들에게 약속했다. 야곱의 경우에서 역설적인 사실은, 힘없는 우상들이 주겠다고 한 것은 정확하게 하나님이 그에게 약속하신 축복이었다. 따라서 우상을 파묻는 것은 하나님을 배제한 채 축복을 구하는 일체의 방식에서 돌이켰음을 나타내는 가시적 표시였다.

우리의 우상 역시 우리가 원하는 것을 약속한다. 안전, 의미, 삶의 의의, 가치, 친밀함, 고통과 외로움으로부터의 자유 같은 것이다. 황소나 임신한 여성 조각상에 대한 당신의 대체품은 음식이나 인터넷 음란물 또는 쇼핑일 수도 있다. 혹은 당신은 중독적인 습관이나 당신이 찾는 복을 가져다줄 거라고 계속해서 말하는 유해한 관계 속에 자신을 묻어버리고 지낼 수도 있다. 우리는 얼마나 어리석은가! 우리가 진정으로 갈망하는 의미와 안전 같은 진정한 축복은 오직 우리를 사랑하시고 우리를 자신의 것으로 부르신 하나님의 얼굴에서만 찾을 수 있다. 야곱의 경우와 같이 우상숭배를 묻어버리고 오직 하나님 안에서만 축복에 대한 소망과 꿈을 추구하는 것은 한 번의 행위로 끝나는 것이 아니다. 우리에게 참된 복을 주신다는 하나님의 신실하신 약속을 기억하고 재차 구덩이를 파서 우리 안의 쓰레기를 파묻고 하나님의 자비와 은혜를 상기하는 매일의 과제다.

이 새로운 초점은 야곱과 그 가족의 경우 의복을 바꾸는 행위로써 상징된다(창 35:2). 의복을 바꾸는 상징적인 행위는 에베소서에 나오는 변화된 삶에 대한 바울의 비유의 토대를 형성한다. 거짓된 욕망으로 타락한 옛 사람을 벗어버리고, 참된 의와 거룩함 안에서 하나님을 닮은 모습으로 지으심받은 새 사람을 입는 삶이다(엡 4:24). 바울의 요점은 이것이다. 그리스도인의 삶이란 일련의 금지 조항에 대한 복종을 훨씬 넘어선 것, 곧 새로운 법이다. 금지의 삶은 옛것을 벗겨내고 우리를 벌거벗은 상태로 만든다! 반면 그리스도인의 삶은 금지조항만이 아니라 당위조항에 의해서도 특징지어지며,

또한 우리를 둘러싼 세상의 악덕으로부터 과감히 달아나는 것뿐 아니라 그리스도인의 아름다운 덕목인 성령의 열매로도 특징지어진다. 바울이 우리에게 상기시키듯, 이 모든 것은 우리의 마음을 새롭게 하시는 성령의 역사다. 심지어 우리는 스스로 우리의 우상을 묻을 수도 없다. 우리 자신의 힘으로는 옛것을 벗어버리고 새것을 입을 수 없다. 그러나 좋은 소식은 하나님이 우리를 옛것에서 새것으로(야곱에서 이스라엘로) 바꾸기로 작정하셨고, 성령을 통해 그 일을 이루어 오셨다는 것이다.

벧엘의 놀라운 은혜

회복된 정결로의 부르심에서 진정으로 놀라운 점은, 야곱과 우리 같은 죄악 된 타협자들도 여전히 벧엘로 나아갈 수 있다는 것이다. 우리의 죄악 된 마음은 우리가 우상을 묻어버린 후에도 묻은 곳을 잊지 않고 주기적으로 찾아가 그 무덤 위에 꽃을 두려 한다! 그러나 우리를 위한 넘치는 은혜가 있다. 우리가 하나님을 무시하고 달아날 때도 여전히 하나님은 자신의 언약에 신실하시며, 그분께로 다시 돌아오도록 우리를 부르신다. 실제로 이것은 기본적인 성경적 법칙이다. 하나님은 우리가 신실하지 않을 때도 스스로 하신 말씀에 대해 신실하시다. BC 586년 바벨론 사람들이 예루살렘을 철저히 파괴하는 가운데, 예레미아애가 기자는 이 진리에서 용기를 얻었다. 그는 "여호와의 인자와 긍휼이 무궁하시므로 우리가 진멸되지 아니함이니이다 이것들이 아침마다 새로우니 주의 성실하심이 크시도소이다"(애 3:22-23)라고 말한다.

그것은 야곱이 가족에게 증언한 것으로 이러한 내용이다. 하나님의 위대하신 사랑으로 우리는 소멸되지 않는다. 그분의 신실하심은 위대하다. 그래서 이제 우리는 내 환난 날에 내게 응답하시며 내가 가는 길에서 나와 함께하신 하나님께 제단을 쌓으러 벧엘로 올라간다(창 35:3).

하나님은 야곱에게 신실하셨다. 하나님은 야곱이 에서에게서 도망치면서 모든 것을 잃은 듯 보이던 때 벧엘에서 그에게 처음으로 나타나셨다. 하나님은 야곱의 지속적인 타협과 반쪽짜리 순종에도 약속하신 대로 그의 삶의 여정 전반에 걸쳐 그와 늘 함께 계셨다. 이제 하나님은 벧엘에서 그에게 하신 약속을 성취하셨고, 그를 다시 그곳으로 데려오셨다. 야곱이 떠날 때는 몸에 지닌 옷 외에 아무것도 없었지만, 이제는 열두 아들과 많은 재산을 갖게 되었다. 하나님은 자신의 약속에 참으로 신실하셨고, 그것은 우상들이 결코 할 수 없는 일이었다.

하나님은 벧엘에서 야곱에게 한 번 더 나타나 야곱과 언약을 새롭게 하셨다(창 35:9-13). 하나님은 브니엘에서 그에게 주신 새로운 이름을 상기시키셨다. 이것은 "다른 사람들은 너를 야곱이라 부르겠지만, 나는 너를 이스라엘이라 부르겠다"고 말씀하시는 것과 같다. 야곱의 삶에서 하나님의 선하신 일이 시작되면 중단될 수 없었다. 거기서 하나님은 아주 오래 전에 야곱의 아버지인 이삭이 축복하면서 사용한 것과 같은 표현으로 야곱에게 축복을 선언하신다. "생육하며 번성하라"(창 35:11; 28:3을 보라). 그러나 이제 새로운 요소가 추가된다. "왕들이 네 허리에서 나오리라"(창 35:11). 하나님의 은혜는 그 인자하심에서 압도적이다. 야곱이 세겜에서 자신을 위해 약속의 땅 일부를 사려고 불행한 노력을 기울였던 것과는(창 33:19) 대조적으로, 하나님은 야곱과 그의 자손들에게 그것을 친히 주겠다고 선언하셨다.

변화시키시는 하나님의 축복 사역은 야곱의 가족에게까지 확장될 것이었다. 그의 가족은 지금까지 불화와 다툼의 본보기였으나, 이삭이 창세기 28장 3절에서 간구한 대로, 하나님은 다시 한번 야곱에게서 민족이 나올 것이라고 선언하셨다. 우리가 창세기 28장에서 보았듯, 이 구절에 '민족의 교회'라는 제목을 붙여도 이상하지 않다. 영적인 연합으로 함께 묶인 하나님 백성의 언약 공동체인 것이다. 원래 아브라함에게 주어진 복(창 12:2-3)을 통해 만민에게 약속된 축복이 아브라함의 영적 후손에게까지 미친다. 그들이 영적 이스라엘이라는 새로운 공동체인 교회에 편입됨으로써 그렇게 되는 것이다.

가망 없는 시작

그러나 그토록 큰 계획에 비해 시작은 참으로 가망 없어 보였다. 제대로 기능하지 못하는 야곱의 가족이 하나님의 순전하고 거룩한 교회의 패턴과 모델이어야 할까? 예전의 사라처럼 야곱도 하나님의 거침없는 말씀에 몰래 웃고 싶은 유혹을 받았을 것이다(창 18:12를 보라). 만일 우리가 이야기의 끝을 알지 못했다면 그 이야기를 믿었을까? 평화와 조화로 결합된 영적 공동체가 야곱의 가족에게서 나올 수 있을까? 이런 농담이 어디 있겠는가! 그것은 90세 노인이 아들을 낳는 것보다 훨씬 더 불가능한 꿈이 아닌가? 그러나 그토록 가망 없는 시작을 통해서도 마침내 놀라운 결말을 이끌어내심으로써, 모든 것이 하나님께 속한 것임을 분명히 보여주시는 하나님을 우리는 섬기고 있다.

이는 우리가 개인적인 경험이나 교회 경험에서 가망 없는 시작과 험난한 중간 지점, 어두운 미래를 마주할 때마다 우리에게 희망을 주는 원칙이다. 이 시대 교회의 현주소는 우리가 기독교 서적에서 자주 읽는 이상적이며 상상적인 유토피아가 아니다. 오히려 잔해와 폐허와 혼돈의 현실 세계다. 우리의 개인적인 삶은 반쯤 숨겨진 망가짐으로 가득 차 있다. 우리가 아는 교회는 깊이 금이 간 단체를 형성하는 상처받은 사람들로 이루어져 있다. 우리는 모두 매우 자주 하나님의 이스라엘이기보다는 야곱의 자녀가 된다.

그러나 그러한 폐허 가운데서도 하나님이 자기 백성의 삶 속에서 일하고 계신다는 것은 여전히 사실이다. 스코틀랜드의 설교가 J. S. 스튜어트(J. S. Stewart)는 이 사실에 대한 강력한 예를 제시한다.

조지 맥도널드의 한 책에는 갑작스러운 고통을 만난 여인이 나온다. "내가 만들어지지 않았다면 좋았을 것을!" 그녀는 화를 내며 비통하게 외친다. 그러자 친구가 조용히 대답한다. "친구야, 너는 아직 만들어지지 않았어. 만들어지고 있을 뿐이지. 그리고 이것은 창조주의 과정이야."[7]

---

7   J. S. Stewart, *The Strong Name* (London: Hodder and Stoughton, 1941), 145.

우리는 아직 만들어지지 않았고 만들어지고 있을 뿐이다. 그리고 창조주는 우리로 하여금 시련과 유혹, 슬픔과 좌절, 큰 죄와 수동적 표류의 기간을 거치게 한다. 우리가 자신의 깨어짐과 공허함을 더 온전히 보게 되면서, 우리는 언젠가 우리 안에서와 우리의 세계에서 이루어질 일이 완벽하게 마감될 것이라는 하나님의 약속에 더욱 단단히 매달리게 된다. 하나님의 백성이 현재 심하게 분열되어 있지만, 신약성경에서 반복적으로 언급하듯 우리 모두 예수 그리스도 안에서 하나가 되게 하시려는 하나님의 목적과 약속은 여전히 유효하다. 지금 우리의 교회들은 여전히 너무나 자주 야곱 같고 많은 일이 진행 중이지만, 결국 그리스도 안에서 우리는 '이스라엘'이라는 새로운 이름으로 묘사될 것이다. 그리스도께서 그의 교회를 세우실 것이며, 음부의 권세가 교회를 이기지 못할 것이다(마 16:18). 그토록 놀라우신 하나님을 섬길 때, 우리는 자신과 다른 사람에 대해 실망할 수 없고 실망해서도 안 된다!

하나님의 은혜로 말미암은 자기계시는 야곱을 다시 예배하게 했다. 이는 우리에게도 동일하게 적용되어야 한다. 하나님의 은혜를 새로이 경험할 때, 우리는 예배하며 무릎을 꿇어야 한다. 어떻게 하면 우리가 자기 죄의 깊이를 볼 수 있으며, 우리 존재의 핵심을 건드리지 않고 우리를 오물에서 건져내기 위해 뻗으시는 구주의 못

박힌 손을 볼 수 있는가? 이 오래되고 친숙한 진실이 우리 마음에 닿지 않는다는 것은 우리가 심각하게 깨져 있다는 표시다. 그러나 하나님의 은혜가 야곱의 마음을 만졌고, 수년 전에 그런 것처럼 하나님이 그와 만나셨던 장소를 표시하기 위해 야곱은 다시 한번 돌기둥을 세운다. 거기서 야곱은 그토록 많은 복을 주신 분께 감사하는 뜻에서 기름과 포도주를 제물로 돌기둥에 붓는다. 마침내 야곱은 하나님의 집에서 예배하기 위해 고향으로 돌아갔다. 그는 다시 벧엘로 돌아갔다.

회개 후의 삶

야곱은 자기 죄를 회개하고 하나님께 되돌아갔다. 그는 하나님 말씀에 순종하는 길로 다시 돌아갔다. 그러나 그것은 야곱이 삶의 고통과 슬픔에서 면제되었음을 의미하지는 않는다. 심지어 온전한 순종도 편안함과 쉬운 삶을 보장하지 않는다. 야곱은 거룩한 장소에 도착해 어머니의 신실한 유모 드보라를 장사 지낸다(창 35:8). 그곳을 떠나면서는 사랑하는 아내 라헬을 장사 지낸다(창 35:19). 이렇게 하나님의 집인 벧엘에 도착하고 그곳을 떠나는 과정에서 묘비 두 개가 세워졌다. 아담과 하와의 죄로 인한 저주의 결과인 죽음은 창세기에서 우리의 변함없는 동반자다.

라헬은 둘째아들을 낳다가 죽는다. 라헬이 예전에 야곱에게 말한 "내게 자식을 낳게 하라 그렇지 아니하면 내가 죽겠노라"(창 30:1)는 말은 라헬의 적절한 묘비명이 될 수 있었다. 마지막 순간에 라헬은 자기 아들을 '나의 고통의 아들'이라는 뜻인 베노니라고 불렀다. 그러나 야곱이 더 긍정적인 뜻을 담아 '나의 오른손의 아들'이라는 의미의 베냐민으로 다시 불렀다(창 35:18). 야곱은 이름이 지닌 힘을 알았고, 막내아들의 좋은 미래를 간절히 원했다. 이로써 야곱 가족은 완전해졌다. 그에게는 이제 열두 아들이 생겼다.

그러나 야곱의 삶은 여전히 갈등에서 자유롭지 못했다. 장자 르우벤이 아버지의 첩 빌하와 동침함으로써 야곱과 그의 가족을 치욕스럽게 했다(창 35:22). 아마도 이것은 장자가 아버지 역할을 강탈하여 가장 지위를 넘겨받기 위한 시도요, 계산된 패역 행위였을 것이다. 압살롬도 사무엘하 16장 21-22절에서 같은 행동을 했다. 우리는 야곱 자녀들의 행동에 대한 초기 기록을 통해, 그들을 향한 하나님의 목적이 그들의 탁월한 장점을 통해 실현되는 것이 아니라 하나님의 은혜의 선물로서 주어지는 것임을 다시 한번 알 수 있다.

야곱이 벧엘로 돌아와 온전히 순종함에 따라 관심은 자연스럽게 다음세대로 옮겨간다. 그들은 자기 아버지가 배운 것과 같은 교훈을 배울 것인가? 그들은 우상 묻은 곳을 떠나 이스라엘의 하나님께 헌신할 것인가? 혹은 다른 방향으로 갈 것인가? 이 지점에서 이것은 여전히 물음으로 남아 있다. 이스라엘의 순종은 그 세대 사람들의 순종보다 결코 더 확고하지 않았다. 안심할 여지는 전혀 없다. 한 세대가 끝나면 다음세대로 넘어간다. 교회에서도 마찬가지다. 우리가 "나는 주님을 섬길 거야"라고 말하는 것으로 결코 만족할 수 없다. 심지어 "나와 내 배우자는 주님을 섬길 거야"라고 말하는 것으로도 충분하지 않다. 여호수아처럼 우리도 "오직 나와 내 집은 여호와를 섬기겠노라"(수 24:15)고 말할 수 있도록 우리와 연관된 모든 이에게, 특히 우리 자녀에게 영적인 것을 전달하는 열정을 지녀야 한다.

결국 야곱은 마므레에 위치한 아버지 이삭의 집으로 돌아왔고, 이삭의 여생 동안 함께 살았다(창 35:27). 이삭이 죽자 야곱과 에서가 장사 지냈다. 그 세대는 화해를 이루었다.

에서가 야곱에게 위협이 되지 않은 후에도 성경 기록에서 에서가 제외되지 않았다는 점은 흥미롭다. 에서의 미래도 기록될 가치가 있었다. 창세기 36장에 나오는 에서 가족에 대한 길고도 자세한 계보와 더불어 야곱과 에서의 지속적인 화해에 대한 기록은, 에서의 혈통이 약속의 범위 밖에 있지만 하나님의 자비의 도달 범위를 벗어나지는 않았음을 시사한다. 만일 아브라함을 통해 만민이 복을 받을 것이라면, 그 복은 에서와 그의 자손을 포함한 아브라함의 더 넓은 가족 범위 안에서 시작될 수 있지 않을까? 이스라엘은 후에 에서의 후손인 에돔 사람을 멸시하지 말라는 명령을 받는다(신 23:7). 믿음 공동체의 자녀들에게 크고 값진 약속이 있지만, 하나님의 관심은 결코 그 특권을 지니고서 태어난 자들에게 한정되지 않는다. 거기에 속하지 못한 사람도 하나님의 자비와 은혜를 받을 수 있고 하나님의 가족에 포함될 수 있다.

변경된 안전장치

하나님의 계획에서 야곱의 핵심 역할은 끝났다. 이삭의 죽음과 함께 족장시대의 역사가 끝나고 이스라엘 역사가 시작된다. 벧엘에서 하나님이 야곱에게 나타나신 것은 족장에게 주신 계시의 끝을 의미한다. 하나님은 불타는 떨기나무에서 모세를 만나기 전까지는 (출 3장) 사람에게 다시금 자신을 직접적으로 나타내지 않으실 것이다. 그러나 그것은 하나님이 일하지 않으심을 의미하지 않는다. 전혀 그렇지 않다! 하나님은 자기 백성의 장기적인 미래를 지키기 위해 요셉의 삶 속에서 거듭 개입하고 주관하셨다. 하나님은 꿈과 해석과 다른 여러 섭리 형태를 통해 계속 사건을 이끄셨다. 그러나 하나님과 그의 백성 간의 대면 접촉은 더는 없다. 이제 그들은 믿음의 선조들에게 전해진 약속의 힘에 의지해 살아가야 한다.

우리가 이미 본 단서를 기반으로 이스라엘 자손에게 기대할 수 있는 미래는 어떤 것일까? 그들의 시작은 상서롭지 않았다. 시므온과 레위가 무고한 성읍 거민을 학살했고, 그다음 르우벤은 아버지의 첩과 동침했다. 그들은 다음에 무엇을 생각할까? 그들이 싫어하는 동생을 노예로 팔고, 유다는 며느리를 매춘부로 착각해 동침한다. 그들은 장래성 있는 집단은 아니지 않은가? 선조에 대한 인상이 이스라엘보다 못한 민족이 있었는가? 그들은 사실 야곱의 자손이었다. 그것이 요점이지 않은가? 하나님은 자기의 뜻을 이루며 궁극적으로는 교회를 만들기 위해 이 같은 사람들도 사용하실 수 있다. 요셉이 창세기 50장 20절에서 "당신들은 나를 해하려 하였으나 하나님은 그것을 선으로 바꾸사"라고 말했듯, 하나님의 주권적인 목적은 악인의 삶을 통해서도 실현된다.

이것이 끈질긴 은혜의 놀라운 진실이다. 하나님의 계획은 자발적이며 거룩한 도구를 찾는 데 달려 있지 않다. 하나님은 가장 심한 결함이 있는 사람으로도 목적을 이루실 수 있다. 심지어 죄인이라도 그분의 길을 가로막거나 그분을 좌절시킬 수 없다. 이 사실을 십자가보다 더 분명히 보여주는 곳이 어디 있겠는가? 십자가상에서 사탄이 최선을 다하고 하나님의 백성과 이방인이 연합하여 하나님을 대적했지만, 그들이 할 수 있는 모든 것은 하나님의 계획 안에 있는 것이었다. 하나님의 구속사역은 모든 역사상 가장 극악무도한 죄 가운데서 성취되었다. 인간의 반역 행위로 인해 그리스도의 완벽한 삶이 우리를 대신해 하나님 아버지께 받아들여질 수 있는 희생으로 바쳐졌다. 그것으로 우리는 구원받았다. 야곱과 그의 모든 영적 자손은 주권적이고 끈질긴 은혜로 구원받고, 우리는 하나님이 영원 전부터 우리를 위해 계획하신 복을 받는다.

하나님의 끈질긴 은혜가 그 얼마나 큰 위안이 되는가! 당신은 주변에 보이는 모든 문제로 낙담해 있는가? 당신의 마음속에 보이는 죄로 인해 풀죽어 있는가? 교회의 연약함으로 인해 곤경을 겪고 있는가? 야곱과 함께 벧엘로 돌아가 당신의 많은 결함에도 불구하고 여전히 당신을 보살피시는 하나님 앞에 엎드리라. 십자가로 돌아가 당신의 죄를 짊어지고 단번에 그 죄를 십자가에 못 박으신 하나님께 엎드리라. 그런 후 당신과 나를 기다리고 있는 구원의 위대함을 바라보라. 우리는 하나님 앞에 서기에 합당하도록 맞춰진 그리스도의 흠 없는 의의 옷을 영원히 입을 것이며, 하늘이나 땅의 그 누구도 그 무엇도 하나님이 이루기로 선언하신 목적의 길을 막아설 수 없다. 만일 하나님이 우리를 위하시면 누가 우리를 대적하겠는가? 모든 것이 전능하신 하나님의 손에 달려 있음을 아는 것은, 그리고 우리의 모든 죄와 실패에도 불구하고 그분이 우리를 통해 우리의 구원과 그분의 영광을 위한 완벽한 목적을 성취하실 것을 아는 것은 얼마나 놀라운 일인가! 그분의 자비와 은혜가 그 얼마나 위대한가!

생각해 볼 문제

1 하나님은 당신이 하나님과 교제하고 순종하는 자리로 돌아오도록 부르시려고 당신의 삶에 어떻게 개입하셨는가?

2 실제적인 삶의 변화를 위한 유일한 기반은 무엇인가? 왜 그러한가?

3 교회의 일반적인 상태가 유토피아가 아니라 잔해와 폐허의 현실 세계임을 아는 것이 왜 중요한가?

4 전반적으로 야곱 이야기는 우리로 하여금 어떻게 하나님의 끈질긴 은혜에 거듭 주목하게 하는가? 그렇게 하는 것이 왜 중요한가?

5 당신이 이 공부를 통해 배운 주된 교훈은 무엇인가?

끈질긴 은혜에 붙들린 삶

초판 1쇄 발행 2024년 3월 19일

지은이   이언 M. 두기드
옮긴이   김태곤

펴낸이   곽성종
기획편집   방재경
디자인   투에스북디자인

펴낸곳   (주)아가페출판사
등록   제21-754호(1995. 4. 12)
주소   (08806) 서울시 관악구 남부순환로 2082-33
전화   584-4835(본사) 522-5148(편집부)
팩스   586-3078(본사) 586-3088(편집부)
홈페이지   www.agape25.com
판권   ⓒ(주)아가페출판사 2024
ISBN   978-89-537-9678-2 (03230)

아가페 출판사